〈<u>탁</u>바위!〉 탁월함에 이르는
<u>바</u>른 연필잡기의
<u>위</u>대한 힘! 〈TBW!〉

-바른 연필잡기를 위한 세계 최고의 과학적 구체적 이론서-

탁바위 : 이론편

위대한 힘!
The greatest power
最大的力量
La plus grande puissance
Die größte Kraft
El mayor poder
Величайшая сила
In maxima potentia
พลังที่ยิ่งใหญ่ที่สุด
أعظم قوة
بزرگترین قدرت
偉大な力(最高のパワー)

바른 연필 잡기의 삼각별

0시 방향 : 바른 정 자세 Paint brush
4시 방향 : 바른 펜의 방향 Pen (fountain Pen)
8시 방향 : 협응하는 왼손의 방향 Pencil
원 : 펜, 연필, 붓의 몸통은 둥글다. 우리모두 배려하며 원만하게 살자
   3P(자세) × 3P(공간적 요소) (2시 : Paper, 6시 : People, 10시 : Place)

바른 연필잡기 세계 최고봉!
바른 연필잡기 9단!

名人 伯樂 吳榮植 지음
명인 백락 오영식
The Meister OH Young Seek

저자 소개

바른 연필잡기
　　　세계 최고봉!
바른 연필잡기 9단!

名人 伯樂
吳榮植 지음
명인 백락　오영식
The Meister
　　OH Young Seek

2012년 바른 연필잡기를 위한 연구 시작
2006년 전국 교사 발명대회 장려상
2008년 수학 부분 영재 지도 교사 활동
2009년 수학 부분 영재 지도 교사 활동
2010년 수학 부분 영재 지도 교사 활동
2011년 수학 부분 영재 지도 교사 활동
2013년 〈의대 보내기 프로젝트〉 1차 시작
**　　　　(시골 학교 학급 총 학생 : 4명)**
2014년 〈의대 보내기 프로젝트〉 2차 시작
**　　　　(시골 학교 학급 총 학생 : 7명)**
2015년 바둑 한국기원 아마 1단 취득
2017년 학생발명품 경진대회 지도 은상
2018년 학생발명품 경진대회 지도 동상
2018년 교사 연구대회 수상
2019년 학생발명품 경진대회 지도 은상
2019년 교사 연구대회 수상 (주제:바른 연필잡기:도구편)
2019년 탁바위 기본 문양 제작
2019년 名人(명인)이라는 筆名(필명)을 사용
　　　　바른 연필잡기의 세계 최고 名人이라는 의미
2019년 현직 초등 교사를 대상으로 바른 연필잡기 강연
2020년 The Meister 筆名(필명)을 추가 사용
2020년 '탁바위' 이름 제작
2020년 예비교사 대상 2주 지도
2020년 TBW 우연히 발견
2020년 탁바위! 유튜브 채널 시작 : 탁바위 검색
　　　　(탁월함에 이르는 바른 연필잡기의 위대한 힘!)
2021년 〈의대 보내기 프로젝트〉 성공 : 2명 합격
2021년 의대 합격을 기념하기 위해
　　　　伯樂(백락)이라는 筆名(필명)을 추가 사용
2021년 교사 연구대회 수상
**　　　　　　(주제:바른 연필잡기:이론편, 실제편)**
2021년 전주중산도서관 강연
2021년 현재 전주우림초등학교 근무 (도청 및 도교육청 근처)

〈학생들을 가르치며
　　　성공한 프로젝트〉
시골 학교 교사
　시골 학교 학생 의대 보내기

　君子三樂

父母俱存　兄弟無故
仰不愧於天　俯不怍於人
得天下英才　而教育之

1차 : 2013년 시작(전교생 4명)
2차 : 2014년 시작(전교생 7명)

2021년 2명 의대 진학

수학 비법　영어 비법　한자 비법
과학 비법　사회 비법　독서 비법
두뇌개발(기억력, 암기력) 비법
집중력 강화 비법　　체력 강화 비법
목표 설정 비법

〈책을 펴내면서〉

　　바른 연필잡기를 연구한지 10년이 넘었습니다.

　　바른 연필잡기 연구를 하면서, 교총(교원총연합회) 교사 연구대회에서 바른 연필잡기 주제와 관련하여 2번 수상하는 영광을 얻었습니다. 처음으로 바른 연필잡기 주제로 연구대회에서 수상한 2019년에는 바른 연필잡기를 위한 도구를 중심으로 연구하여 수상하였습니다. 주위에서는 정말 한 우물을 파니 뭔가 이루어 진다고 하면서 축하해 주었습니다. 두 번째로 바른 연필잡기 주제로 연구대회에서 수상한 2021년에는 바른 연필잡기를 위한 이론서와 이를 실천할 수 있는 실습서를 중심으로 연구하여 수상하였습니다.

　　바른 연필잡기를 위한 이론을 정비하고, 연습할 수 있는 실습서를 개발하고, 쉽게 목표를 도달할 수 있는 도구의 개발까지 완벽한 三位一體(삼위일체)입니다.

　　모두 바른 연필잡기를 위한 인고의 결과물입니다.

　　이렇게 인고의 결과물이 나오기까지 주위에서 많은 도움과 응원하며 용기를 준 지인들에게 감사드립니다. 특별히, 연구에 집중할 수 있도록 지원해주며, 여름마다 연구대회에 잘 다녀오라고 응원해준 아내와 최고의 이론서, 실습서, 도구를 생각할 수 있도록 힘이 되어준 딸에게 고마움과 사랑을 전합니다.

2021년 9월

코로나와 더위로 힘든 여름을 보내며,

名人　伯樂　吳榮植
명인　백락　오 영 식
The　Meister　OH Young Seek

〈탁바위!〉
탁월함에 이르는 **바**른 연필잡기의 **위**대한 힘! (이론편)
-바른 연필잡기를 위한 세계 최고의 과학적 구체적 이론서-

'미세한 차이가 승부를 가른다!'
바른 연필잡기는
'미세한 차이가 나는 인생의 중요한 승부에서
승리의 여신이 나에게 웃어주는 궁극의 힘!'이다.

보통의 승부는 미세한 차이로 끝나는 경우가 많다. 승부를 논하는 것은 스포츠에서 많이 언급되며, 극적으로 표현한다. 영상의 힘이다. 그렇기에 우리에게 다가오는 감동도 매우 크다.

올림픽 100m 달리기 결승의 1등, 2등, 3등의 차이는 특별한 경우가 아니면, 1초도 나지 않는다. 사실 1등, 2등, 3등의 차이는 그렇게 나쁘지 않다. 금메달, 은메달, 동메달의 기쁨과 시장식의 화려함과 수상자라는 영광이 있기 때문이다. 스포츠맨 정신, 올림픽 정신을 이야기 하지만 4등은 정말 억울할 것이다.(때로는 결승전에서 만나는 1등과 2등의 경기보다 3등과 4등의 경기가 더 치열한 경우도 많다.) 의미는 있지만 4등은 화려한 스포트 라이트의 그냥 주변인이다. 주변에서 가끔 큰 차이가 나는 승부를 보는 경우도 있다. 이것은 승부라는 공정한 경쟁 속에서 뜻하지 않은 요인이 작용하는 어쩔 수 없는 경우이다.

바른 연필잡기는 습관이다.
습관은 호흡과 같아서 특별한 노력없이 자연스러운 것이된다.
좋은 습관은 특별한 노력없이 좋은점이 다가오고
좋지 않은 습관은 특별한 노력을 하여도 좋은 점이 멀어지고, 나쁜점이 다가온다.

바른 연필잡기를 위해,
이론편과 이를 뒷받침하는 실제편을 제작하였다.
잘 활용하여 미세한 차이가 발생하는 인생의 중요한 순간에
승리의 여신이 나에게 웃어 주도록 노력하면 좋겠다.

　각 부분에 대한 설명은 이론편에서 자세히 설명하였다. 원리를 이해하고 연습을 하면 바른 연필잡기의 목표에 도달하는 속도가 빨라지므로, 꼭 이해를 하고 연습하기를 바란다. 또한 실습편의 각 장마다 간단하게 개요를 넣어 각 연습방법에 과정의 필요성 또는 제작 이유 또는 원리를 설명하였다.

〈당부의 말〉

10년 이상을 연구한
바른 연필잡기를 위한 세계 최고의 과학적 단계적 연습방법이라 생각된다.
연습은 꼭 **바른 연필잡기 손모양을 하고** 연습을 하도록 당부한다.

아니면 의미 없다. 이론편과 실습편을 잘 활용하기 바란다.

바르게 쓰는 글씨와
예쁘게 쓰는 글씨는 다르다.

2007년 혹은 2008년부터 바른 연필잡기에 관심을 갖고 있었다. 이때부터 永자 쓰기, 바른 연필잡기 따라하기, 바른 연필잡기를 위한 도구의 고민을 하였고 만년필 쓰기를 실시하였다.

2012년부터는 바른 연필잡기에 관련해서 연구한 것에 대한 공식적인 기록이 남아있다.

이렇게 오랜 시간 관심을 가져서 인지 지금은 **글씨를 쓰고 난 후의 연필심의 모양만 봐도** 연필을 잘 잡았는지 아닌지 감이 온다. **글씨를 쓰는 소리를 들어도** 연필을 잘 잡았는지 알 수 있는 느낌을 가질 때가 있다. 스마트폰이 발전하고 인쇄술이 발전하는 요즘 같은 세상에서 바른 연필잡기를 외치는 것은 진부하기도 하지만 너무 못 잡으면 곤란하다는 것은 확실하다. 바른 연필잡기를 하는 것은 정말 많은 장점을 가지고 있다.(그런데 과소 평가되어 있다.) 그래서 바른 연필잡기를 <u>할 수 있나 할 수 없나</u>는 그것을 하고 못하고에 따라서 미세한 차이로 승부가 결정나는 절체 절명의 상황에서, 절대적 차이를 만들기 때문에 바른 연필잡기의 기준에서 허용되는 최소한의 범위 안에서는 반드시 최소한의 바른 연필잡기를 해야 한다.

바른 연필잡기의 필요성 또는 중요성은 본문에서 7가지 범주로 나누어 구분하였으나 여기서는 직관적으로 다음과 같이 나열한다. 자아실현, 창의력, 집중력, 사고의 정리, 경쟁력, 신체 성장, 시력, 체력 절약, 자존감, 실수, 멋, 파급 효과, 연관 효과, 유연성 등 바른 연필잡기의 좋은 점은 30개가 넘는 요소를 가지고 있으며, 서로 <u>선순환 구조</u>를 가지고 있고, 이 선순환의 구조는 여러 영역에서 상승효과를 나타낸다. 바른 연필잡기를 하지 못한다는 것은 바른 연필잡기의 선순환 구조의 상승효과를 누리지 못하는 것을 의미하며 노력은 많이 하나, 자신도 모르게 힘이 들고, 이상하게 앞서갈 듯 하면서 뒤쳐진다는 것을 의미한다.

주변을 살펴보면, 바른 연필잡기가 중요하기 때문에, 바른 연필잡기 교육은 많이 시작하여 실시한다. 그러나, 중간 중간에 시행착오를 거치면서, 학생이 어려워해서 도중에 포기하는 경우가 많다. **바른 연필잡기에 좋은 이론 교본과 실습 교본이 없기 때문**이다.

그래서,

　지도하는 교사나 부모에게는 이론적 근거를 만들어 주고,

　　배우는 사람에게는 원리를 알아서 쉽게 배울 수 있도록 하고 싶었다.

　10여 년이 지난 지금 바른 연필잡기를 위해 자세하고 다양한 관점에서 설명이 담긴 구체적인 **이론서**와 일관성 있는 과학적 체계를 갖춘 **실습서**를 개발하였다. 동서고금을 막론하고 바른 연필잡기를 위한 세계 최고의 지침서라 할 수 있다.

<머리말 3>

내 자식이 먹는다는 마음으로, 우리 가족이 먹는다는 마음으로
(맹자 엄마 마음으로, 석봉 엄마 마음으로)

본 저자의 공부에 대한 **철학적 사유**은 다음과 같다.
공부의 기본은 바른 자세에서부터 시작한다고 생각한다.(독서도 마찬가지다.)
자세가 바르지 않으면, 공부 호흡, 공부 근육, 공부 태도 등이 잘 생기지 않는다. 생겨도 바르지 않게 생긴다. 좋은 습관은 호흡과 같아서 특별한 노력을 하지 않아도 장점이 쌓이고, 나쁜 습관도 호흡과 같아서 특별한 노력을 하여도 단점이 쌓인다. 그런데 본인은 모른다. 그리고 이유도 모르게 승부에서 낙오된다. 그리고 이유를 모른다고 하며, 다른 외적 요인을 찾는다. 더욱 안타까운 것은 열심히 노력하고 준비하는 것 같이 보였지만, 승부라는 것에 서기도 전에 도퇴된다.

공부에서 바른 자세의 출발은 바른 연필잡기를 기초로 한다. 손이 틀어지면 어깨가 삐뚤어지고, 고개가 틀어지며, 양쪽 눈의 초점거리 차이로 인해 시력이 나빠지며, 허리가 삐뚤어지고, 척추 측만이 오고, 발이 바르게 있을 수 없고, 집중하지 못하고 등 연관효과의 악순환으로 부정적 상승효과가 발생한다고 생각한다.

초등 교육현장에서 학생들의 바른 연필잡기를 지도하던 중 딸의 연필잡기 모습을 보게 되었다. 아뿔사! 딸의 연필잡기는 엉망이었다. 위에서 본 연필의 방향이 2시 방향이다.(이렇게 2시방향 이라고 만들고 명명하기까지 오랜 시간이 걸렸다.) 2시 방향은 4시 방향인 최소한의 기준에서도 너무 틀어져 있었다. 연필의 방향이 2시이니 바른 손모양도 나올 수 없었다, 글씨를 바르게 쓸 수 없으며, 자세가 나빠지고, 집중을 오래 할 수 없었다. 그래서 연습하기 시작했다. 처음에는 무턱대고 '따라해! 이렇게 하면 돼!' 너무 추상적이었다. 그래서 2~3년이 지난 후 위에서 본 연필의 방향을 45도로 지칭하고 다시 4시 방향이라고 지칭해줬다. 위에서 본 연필의 방향이 45도라는 용어에서 4시 방향이라고 용어를 지칭한는데도 많은 시간이 투자되었다. 이러면서 선 그리기도 했지만 짧은 선 그리기, 글씨 따라쓰기 등 해도 바른 연필잡기를 쉽게 할 수는 없었다. 과학화, 구조화, 체계화 되어 있지 않았기 때문이다.

그래서 바른 연필잡기를 하기 위한, 딸의 바른 연필잡기를 위한 최선의 방식을 고민하고 4시 방향 4cm 선 그리기, 숫자 쓰기가 중요, 바른 연필잡기 용어 등 단계적으로 개발했다. 4cm 선의 길이를 선택한 이유도 있다. 바른 연필잡기를 하지 못하니, 무의미한 손가락 당기기 동작이 발견되었기 때문이다. 이유가 있다. 연필의 방향이 4시가 되지 않으니, 이것을 해결하기 위해서 손가락 당기기를 하는 것이다.

악순환이 심해진다. 이 손가락 당기기의 악순환을 해결하려면 선의 길이가 4cm 정도는 되어야 손가락 당기기의 나쁜 습관에서 탈출할 수 있다.

2021년 현재는 많이 좋아졌다. 그렇지만 나쁜 습관을 좋은 습관이 아닌 보통의 습관으로 바꾸는 것도 무지 힘들다는 것을 몸소 경험하고 있는 중이다.

바른 연필잡기를 위한 연필의 바른 위치라는 것도 지도하는 사람마다 달랐다. 심지어 2020년 코로나로 인하여 전국의 교육이 EBS를 집중되고, 이용하는 현실에서도 **EBS 강사의 바른 연필잡기 손모양은 바르지 않았으며, 그 내용으로 대한민국의 모든 학생들에게 일괄적으로 지도하고 있었다.**(EBS 강사를 비난하려는 것이 아니다. EBS 강사가 바른 연필잡기를 배우지 않았고, 사회적으로 바른 연필잡기에 대한 연구가 없었고, 바른 연필잡기의 연구가 없었기 때문에 바른 연필잡기에 대한 지도서나 실습서가 없었고, 바른 연필잡기에 대한 철학적 사유가 없었기 때문이다. 물론 예쁜 글씨에 관한 것은 많이 있다. 예쁜 글씨와 바르게 연필잡기는 필요충분조건이 아니다. 예쁜 글씨라는 것이 바른 연필잡기를 왜곡하고 개인의 행복과, 국가 경쟁력을 떨어뜨리고 있다.) 바른 연필잡기와 관련된 글씨체의 사회적 합의가 필요하다. 뒤에 설명하였다. **기회가 되면 EBS 및 EBS강사에게도 바른 연필잡기에 대하여 공유하여 대한민국에 바른 연필잡기의 파급력을 높이고 싶다. 그리고 국가경쟁력으로 삼고 싶다.**

이렇게 전국적으로 고려되지 않는 바른 연필잡기를 교육하는 것은 대한민국의 모든 초등학생들의 신체적 성장과 창조적 아이디어를 사라지게 하는 악영향을 끼칠 수 있다. 이것은 학생들이 바르게 성장하고, 미래의 먹거리를 구상해야하는 국가 경쟁력이 사라지는 것과 마찬가지이다.

바른 연필잡기를 위한 연필의 바른 위치는 이간혈을 지나야한다. 이렇게 바른 연필잡기의 위치를 명명하니 지도하기 편안하다. 딸의 손잡이도 교정하기 훨씬 수월해 졌다. 검지 손가락 이 부분에 놓고 연필을 잡아야 한다고 교육할때는 정말 갑갑하였으며 교육적 효과도 떨어졌다. 2020년에 드디어 이간혈이라는 용어를 찾았다. 이간혈이라는 용어를 찾기까지 거의 9년이 걸렸다. 느낌이 오겠지만 동양 의학을 참고했다. (서양 의학의 해부학을 참고하면 중수관절이라는 용어까지는 나오지만 그 다음의 위치를 지칭하는 것이 너무 세세하고 용어가 어려웠다.) 9년이 걸린 이유는 계속해서 바른 연필잡기만 연구할 수 없었기 때문이기도 하다. 물론 혼자서 연구해서 그렇다. 바른 연필잡기가 다른 공부의 이유 등으로 인하여 경시되는 풍조가 우리 사회는 강하기 때문에 협동하기가 힘들다. 사실 관심을 갖자고 하는 것도 어렵다. 그래서 혼자서 많이 연구하였다. 덕분에 이제는 名人(명인)이라 불릴만 하다.

바른 연필잡기를 연구한 것은 지극히 이해타산적인 공부를 잘하는 것에 관한 욕심으로 시작한 부분이 있지만, 계속되는 관심과 연구를 통하여 바른 연필잡기는 신체의 성장 및 자아실현, 자아 존중감에도 한 몫 한다는 것을 알았다. 바른 신체 성장은 당연한 결과이지만, 바른 연필잡기가 가져오는 연관 효과의 선순환은 긍정적인 상승효과를 동반하기 때문이다. 수학도 자신있게 풀 수 있고, 생각의 정리를 쉽게 구조화 할 수 있고, 창의성이 향상되고, 자신의 꿈의 높이를 높일 수 있다.

이론편에서 설명하고 있는 이유와 근거, 예시자료와 바른 연필잡기를 위해 구체적인 용어를 사용하여 자녀의 바른 연필잡기를 지도한다면, 바른 연필잡기를 하지 못해서 힘들어하는 자녀들과 그것을 바라보는 부모의 심정에서 훨씬 자유로울 것이다. 자녀의 자아실현도 훨씬 수월해질 것이다.

이 이론서와 실습서는 사랑의 산물이며, 인고의 산물이다.
직업적으로 학생에게 도움을 줘야 겠다는 마음에서 시작하여,
사명감을 가지고 지도 하던 중 필자의 딸의 바르지 못한 연필잡기를 발견하고,
딸의 바른 연필잡기를 이끌어 주려고 만든 결정체이다.
아니면 진작에 포기 했을지 모른다.

혹시라도 자녀의 꿈이 높거나, 자녀의 훌륭한 성장, 동질 그룹 내에서 우수성 발휘, 창조적 아이디어의 생산자, 멋있고 여유있는 폼을 원한다면, 실제편(실습서)을 이용해 시도해 보기 원한다.

많은 사람들에게 도움이 되었으면 좋겠다.

당부의 말은 **이론편을 공부하면서 실습편을 연습하면서 저자의 강의를 들으면 좋겠다.** 글로 표현하지 못하는 것들을 얻을 수 있기 때문이다.(미세한 차이의 극복이 생각보다 중요하다.)

목 차

이런 사람들에게 바른 연필잡기가 필요하다.

1. 배움의 길에 있는 학생들

습관의 힘은 무섭다. 한번 들여진 습관은 쉽게 고쳐지지 않기 때문이다. 잘못된 연필잡기는 학습에 악영향을 미친다. 특히 미세한 승부를 겨룰 때는 더욱 그러하다. 잘 잡은 바른 연필잡기는 학생시절에 강점을 발휘하며 평생의 좋은 동반자가 된다. 시력, 목, 허리 등 바른 신체의 성장에도 좋다.

2. 배움의 길에 있는 학생을 지도하는 사람들

교사를 포함한 보호자들에게 바른 연필잡기는 중요하다. 학생에게 지도하려고 하나, 알지 못하면 곤란하기 때문이다. 이론적으로나 실제적으로 잘 알고 있으면 학생들을 잘 이끌 수 있다.

3. 아이의 바른 성장을 바라는 부모들

바른 연필잡기를 처음 접하는 곳은 가정이다. 집에서 부모가 바른 연필잡기를 하면 오리가 처음에 알에서 세상 밖으로 나와서 처음 보는 것을 따라하듯, 자연스럽게 아이들이 따라할 것이다.

4. 수능을 끝내고 대학생이 되는 사람들

이미 바른 연필잡기의 시기를 놓쳤지만, 다행히 원하는 대학에 간 학생이라면 고차원적인 학문을 이루기 위해서 필요하다. 그리고 이제는 면접, 회의 참석과 같은 동질집단에서의 활동을 대비하여 외형적인 것도 신경써야한다. 시간이 많이 있을 이 시기에 자신의 모습을 돌아보고, 차원 높은 공부를 위해서, 또는 멋있는 사람이 되기 위한 노력이다.

5. 군대 생활 같은 시간이 멈춰있는 사람들

시간이 멈춰있는 사람들에게 그 시간을 유용하게 보낼 수 있다. 그리고 시간이 다시 움직이면 바른 연필잡기를 갖추고 있다면 새로운 모습으로 되기 유리한 위치에 선다.

6. 창의적인 아이디어가 필요한 사람들

바른 연필잡기는 그 자체로 창의력이 발생하는 자세이다. 그래서 바른 연필잡기를 통해 생각하는 시간을 가지면 창의적인 생각을 놓치지 않고 바로 정리하며 더욱 창의적인 생각을 발전 시킬 수 있다.

7. 고급진 회의에 참석하는 사람들

일반 회의는 그냥 참석하는 것이지만 고급진 회의에서는 그 회의 내용 뿐만이 아니라 회의의 공기 즉 분위기 등을 알아야 한다. 이미 고급진 회의에 참석하는 사람들의 생각은 비슷하기 때문이다. 결국 미세한 흐름을 느끼거나, 느끼지 못하는 것은 결정적인 요인이 될 수 있다.

8. 아이 컨텍트가 필요한 CEO와의 회동 장소

CEO가 원하는 것을 그냥 받아 적는 것은 의미없다. 의사 결정이 필요하다. CEO와 함께 한다는 것은 거의 상위집단이기 때문이다. 그 장소에서 CEO와 아이 컨텍트는 다음 승진에서 유리한 위치를 선점할 수 있기 때문이다.

7번과 8번을 위해서는 미리 준비되어 있어야 하며, 사실 바른 연필잡기를 이루지 못하면 그 위치까지 가기도 힘들다. 6번과 7번은 개인의 능력이 비슷한 사람들이 모여 있기 때문에 능력을 초월한 기품, 인품, 소양의 단계일지도 모른다.

9. 예쁜 글씨를 추구하는 사람들

예쁜 글씨는 부수적인 문제이다. 예쁜 글씨를 추구하는 사람들이 바른 연필잡기를 해야한다. 필자보다 예쁜 글씨를 쓰는 사람들은 많이 있다. 예쁜 글씨를 쓰는 사람들을 바른 연필잡기에 관심이 있기 때문에 유심히 살펴본다. 예쁜 글씨를 추구하는 사람들이 바른 연필잡기를 하지 못하면, 결국 한계에 올 수 있다고 생각한다. 예쁜 글씨는 예술의 영역이라고 생각한다. 예술은 많은 시간이 필요하기 때문이다. 결론적으로 예쁜 글씨를 추구하면서, 바른 연필잡기를 꼭 병행해야 한다는 것이다.

다양한 관점으로 바른 연필잡기가 필요한 사람들을 구분하였다. 결국 미세한 차이가 발생하는 동질 집단 내에서 긍정적인 경쟁이 발생했을 때, 미세한 차이를 내 편으로 만들 수 있는 것이 평소의 습관이라는 것이다. 우리 사회는 창의성을 요하는 고도화 사회로 변하기 때문에 바른 연필잡기가 더욱 필요하다.

이것만은 꼭 !

　바른 연필잡기를 하기 위한 핵심적인 것을 요약했다. 이렇게 바른 연필잡기를 해야하는 근거는 본문에 설명했다. 바른 연필잡기는 습관이 되면 특별한 노력없이 호흡과 같이 자연스러운 것이 되며, 그 결과의 열매는 무지 달며 인생의 선순환 구조를 만든다.

바른 연필잡기의 파란 삼각별 (자세)

0시 방향 : Paint Brush 바른 자세

4시 방향 : Pen (fountain pen) 오른손 연필의 방향

8시 방향 : Pencil 오른손과 협응하는 왼손의 방향

2시 공간 : Paper

6시 공간 : People

10시 공간 : Place

원 : Paint Brush, Pen (fountain pen), Pencil 의
　　몸통이 둥글다. Place 가 둥글다.
　　우리가 사는 곳이 둥글다. 원만하게 살자

〈다양한 탁바위 문양〉

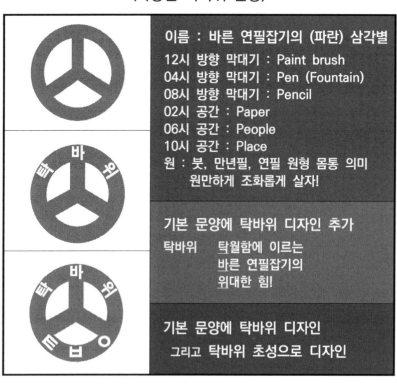

이름 : 바른 연필잡기의 (파란) 삼각별

12시 방향 막대기 : Paint brush
04시 방향 막대기 : Pen (Fountain)
08시 방향 막대기 : Pencil
02시 공간 : Paper
06시 공간 : People
10시 공간 : Place
원 : 붓, 만년필, 연필 원형 몸통 의미
　　원만하게 조화롭게 살자!

기본 문양에 탁바위 디자인 추가
탁바위　탁월함에 이르는
　　　　바른 연필잡기의
　　　　위대한 힘!

기본 문양에 탁바위 디자인
　그리고 탁바위 초성으로 디자인

도구는 만년필, 뚜껑은 꼽지 않고! (잡는법)

이간혈을 지난다.
중충혈을 지난다.
엄지와 검지는 최대 직각을 이룬다.
손과 팔목과 손은 대칭을 이루며
　이등변 삼각형이다.
손가락은 거의 가지런하게
　평행을 이룬다.
소지 손가락은 정육각형의 반절을
　만든다.
소지 약지 중지는 받쳐줘야 한다.
소택혈 부근과, 소지 둘째 마디
옆 근육이 지면에 닿는다.
전곡혈, 후계혈, 중수관절이 지면에
닿으면 곤란하다.

〈다양한 탁바위 문양〉

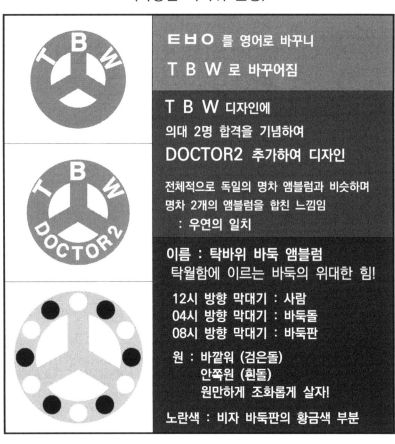

ㅌㅂㅇ 를 영어로 바꾸니 ＴＢＷ 로 바꾸어짐	
ＴＢＷ 디자인에 의대 2명 합격을 기념하여 DOCTOR2 추가하여 디자인 전체적으로 독일의 명차 앰블럼과 비슷하며 명차 2개의 앰블럼을 합친 느낌임 　: 우연의 일치	
이름 : 탁바위 바둑 앰블럼 탁월함에 이르는 바둑의 위대한 힘!	
12시 방향 막대기 : 사람 04시 방향 막대기 : 바둑돌 08시 방향 막대기 : 바둑판 원 : 바깥원 (검은돌) 　안쪽원 (흰돌) 　원만하게 조화롭게 살자! 노란색 : 비자 바둑판의 황금색 부분	

一(Ⅰ). 연필잡기가 필요한
7가지 이유와 3가지 관점!

바른 연필잡기를 바라보는 것을 크게 3가지 관점으로 나눴다. 학문적 관점, 경제적 또는 자아실현적 관점, 현대적 관점이다. 학문적 관점은 필요성의 범주를 7개로 나누어 설명하였고, 현대적 관점은 고리타분할 것 같은 바른 연필잡기가 현대사회에서 필요한 이유를 설명하였다.

○ 바른 연필잡기 바라 보기 : 학문적 관점

연필을 바르게 잡는 것이 중요하다고 많이 회자 된다. 그럼에도 불구하고 '못 잡아도 그만이지! 너무 스트레스 주지마! 더 중요한게 많아!' 등의 식으로 간과되는 경향이 너무 크다. 이것은 '바른 연필 잡기'는 곧 '예쁜 글씨 쓰기'로 협소하게 인식되기 때문이다. 미디어와 프린터가 발전한 현대 사회에서는 예쁜 글씨를 대신해 줄 것은 많고, 그렇게 필요하지도 않고, 옛날에 비해 중요성이 적어졌기 때문이다.

그러나 바른 연필잡기가 미세한 차이가 승부를 가르는, 경쟁이 치열한 요즘의 사회에서 자아실현의 중요한 토대가 되는 기본 출발점이라고 생각한다면 결코 간과할 수 없다. 기본이라는 것은 치열한 경쟁에서 승리할 수 있는 진중한 힘이다.

바른 연필잡기는 기본의 문제이며, 예쁜 글씨쓰기는 예술의 문제이기 때문이다.

바르게 연필잡는 것이 너무 협소하고 가볍게 간과되고, 특히 예쁜 글씨 쓰기와 간섭현상이 발생하면서, 연필을 바르게 잡자고 이야기하는 것이 진부해 보여지기까지 한다. 필요없는 것이라고 까지는 아니지만, 이와 비슷한 느낌을 받기도 한다. 바쁜데, 다른 할 것도 많은데, 영어 해야하는데, 수학 해야하는데, 등으로 귀찮은 교육으로 바라보는 시작점에서부터 바른 연필잡기를 거부감이 들게 한다.

이러한 바른 연필잡기에 대한 고정된 부정적인 선입견의 탈피가 중요하기 때문에, 바른 연필잡기의 필요성부터 다양한 관점으로 체계적으로 연구했다.

바르게 글씨 쓰기와 예쁘게 글씨 쓰기는 구분되어야 한다. 그래서 바른 연필잡기의 장점을 모아봤다. 학문적으로 범주를 나눈 것이 아니라 직관적으로 알 수 있는 생활 속의 표현을 사용하여 많이 모았다. 중요한 것은 이 장점들은 서로 상호작용으로 선순환 구조의 상승효과를 만든다는 것이다.

　자아실현

　경쟁에서의 공정한 합법적, 도덕적 성취

창조적 생각의 발현

웅크린 자세는 창조적 생각이 나오기 어렵다.

순간적 아이디어의 생성 및 정리

　　자세가 바르다. 에너지 소비가 적다. 다양한 생각이 가능하다.

고민 끝의 아디디어 생성

　　바른 연필잡기에 의해 장시간 생각 등 으로 파급효과가 크다

연관효과가 크다.

순간적 영감의 기록

　　단순한 기록적인 측면이다.

정제된 기록에 좋다.

신체 성장

척추 측만

시력

자존감

자아 성취

집중력 : 최소한 연필을 떨어뜨리는 것 등이 자체로 적어진다.

　　동작의 단순화를 통해 깔끔히 생각할 수 있다

　　생각나는 것을 적는데 허리를 수그리는 것 등은 동작을 번거롭게하여 집중력을 흐트러뜨린다.

지구력

마킹 : 답안지 작성시 마킹의 실수는 크다

코딩의 기본 설계 (코딩 이전의 구조화)

　　코딩 이전의 구상과 코딩은 다르다. : PD와 연기자와의 관계

　　(PD가 코딩 이전의 구상이라면 연기자는 코딩이다.)

피로도

의전

폼, 멋,

리더가 되기 위해 필요하다. 멋있는 폼으로, 멋진 사람이 선택될 확률이 높다.

멋있는 자세에서 의견도 멋있게 제출한다. 회의 등.

여유가 있어 보인다.

동질집단에서의 경쟁

동질 집단이 정제화 될수록 어려워 진다.

사회생활

　　짝꿍이 있는 학교 생활

　　회의 시간에 옆자리 침범

본보기(가정, 교육기관) : 부모 또는 교사의 바른 연필잡기 모습

선순환 구조의 상승효과의 기본

경쟁에서 이길 수 있는 장중한 힘이다. 절대적 힘이다. 지름길이다.

파급효과가 크다.

연관효과가 크다.

건강을 지킨다.

집중력, 바른자세 폼, 멋, 생각의 자유, 생각의 정리, 생각의 유연성, 여유

　　직관적으로 살펴본 바른 연필잡기의 장점, 필요성, 해야하는 이유 등은 다양하다. 이렇게 직관적으로 살펴본 이유는 범주를 나누면 사고가 경직화 되어 자유롭게 생각하지 못하고 바른 연필잡기의 장점을 놓칠 수 있기 때문이다. 그래서 생각나는 대로 나온 필요성을 분야별로 모아 7가지의 범주로 분류하였다.

- 필요성 1 : 바른 연필 잡기는 창조적 생각의 발현 및 정리에 필요하다. 바른 연필 잡기를 통해 생각의 단절 없이 바르게 정리하는 것이 습관화 되면, 떠오르는 생각을 자세의 변화 과정 없이 쉽게 도식화 할 수 있다. 이렇게 되면 생각이 분화되고 더 많은 생각의 가지가 안정적으로 퍼져 나가며, 생각하지도 못했던 해결책이 떠오르기도 한다.

- 필요성 2 : 바른 연필 잡기는 학교생활(학습생활)에 필요하다. 학생들의 주의 집중을 위해서 연필을 바르게 잡아야 한다. 자세가 나쁘면, 학습을 하는 중에 글씨를 쓰는 과정에서 자세가 나빠진다. 설명은 잘 듣고, 정리하는 단계에서 자세가 나빠지는 것이다. 자세가 나빠지면, 집중된 상태를 오래 지속하지 못한다. 결국 주의 집중이 나쁘게 되어서 학습에 나쁜 영향을 미친다. 학습은 학교생활의 많은 부분을 차지하며, 학습에 미치는 나쁜 영향은 학교 생활을 재미없게 만들고 부적응 학생으로 가기 쉬어진다.

- 필요성 3 : 바른 연필 잡기는 학생들의 바른 인성 형성에도 필요하다. 인성과 공부와는 별개의 것으로 생각하는 경우가 많이 있다. 그러나, 학교의 역할 중에 공부가 차지하는 부분이 많이 있기 때문에, 공부가 많은 부분을 차지하는 학교생활에서 공부를 제외하고 즐거움을 찾는 다는 것은 많이 어렵다. 공부를 제외하고 즐거움을 찾으려고 하니, 학교생활이 어렵고, 부정적으로 변하고, 잘못된 또는 싫어하는 것을 해야 한다. 싫어하는 것을 해야하는 것은, 싫어하는 것을 해야 하는 경험이 쌓일수록 이에 대한 부정적 반응으로 커지면서, 인성에 부정적으로 영향을 미치기 때문이다.

- 필요성 4 : 바른 연필 잡기는 바른 신체적 성장에 필요하다. 글씨쓰기에서만 바르지 못한 자세를 가지고 있다면 신체 성장과 관련하여 양보할만한 생각이 들기도 한다. 글씨 쓰기에서 바르지 못한 자세를 인정하는 태도는 식사 시간, 책 읽는 시간, 심지어는 즐겁게 TV 보는 시간, 열심히 몰두하여 게임을 하는 시간에도 바르지 못한 자세를 허용한다. 한쪽에서 무너지기 시작한 신체의 불균형은 다른 곳으로의 불균형을 초래하고 확장한다. 대표적으로 시력에 나쁜 영향을 미치고, 나쁜 시력은 안경으로 보정하기까지는 눈을 찡그리거나 구부정한 자세가 되며, 안경을 쓰는 것이 아름다움을 잃는 것으로 생각되어 신체 뿐만 아니라, 성격까지 나빠지는 경우가 있다. 신체적으로 불균형이 발생하면 이로 인해 유기적으로 연결되어 있는 사람의

신체는 다른 곳의 불균형을 만들어, 목이 굽거나, 척추가 휘기도 한다.

　- 필요성 5 : 바른 연필 잡기는 자아실현에 필요하다. 나쁜 자세의 고착화는 자기가 좋아하는 영역을 할 때에도 무의식적으로 나쁜 습관이나 나쁜 버릇처럼 부정적으로 나타난다. 물론 월등한 재능을 선천적으로 부여받아 탁월하게 잘하면 상관없겠지만, 비슷한 재능을 부여받은 조건에서 나쁜 자세의 토착화는 무의식적으로 불리하게 작용하고, 이 불리함이 때로는 자아실현에서 결정적인 순간에 절대적인 불리함이 되기도 한다. **다행히 주어진 재능보다 성취기준이 낮으면 상관없다.** 이 부분의 사람들이 가장 행복하기도 하며, 바른 연필잡기의 중요성을 가장 피부로 느끼지 못한다. 그래서 바른 연필잡기의 중요성을 외칠 때 또 다른 커다란 방해 요인이 되기도 한다. 또 다른 교육에서 바른 연필잡기의 한계를 느낄 수 있다.

　- 필요성 6 : 바른 연필 잡기는 대인 관계에 필요하다. 지하철에서 다리를 쩍 벌리고 앉으면 옆 사람이 싫어하듯이 바르지 못한 자세는 학급에서 옆 친구의 소중한 영역을 침범하여 피해가 가고, 결국 서로를 멀어지게 하기도 하며, 사소한 폭력의 시발점이 되기도 한다.

　- 필요성 7 : 잘못된 길을 되돌리는 것은 많은 시간과 노력 에너지 소비, 감성 소비를 해야한다. 바른 연필잡기가 필요하게 되는 순간이 온다면, 고착화된 연필잡기를 해결하는데, 너무 많은 노력이 필요하다. 극단적으로 다른 사람들은 자기 발전을 위한 시험을 위해 공부를 하고 있는데, 정작 본인은 이미 갖춰져 있어야 할 시험에 필요한 자세를 공부하는 것이다. 해야 할 것을 하지 못하고 그것을 위한 기본을 하는 것은 감정의 소비가 더 심하다. 중요한 순간에 사용해야 할 시간과 체력과 정신은 정해져 있는데 그것을 다시 기본에 할애해야 하는 상황이 되는 것이다.

　바른 연필 잡기는 이렇게 많은 필요성을 가지고 있다. 그렇기 때문에 같은 1획을 그어도 바르게 해야 할 필요가 있으며, 바른 자세에서 나오는 1획은 긍정적이며 발전적이고 창조적인 효과를 가져오며 선순환의 상승 효과를 만들 수 있다.(사실 기본만 되면 더 쉽고 빠르며, 숨을 쉬는 것처럼 편안하고 자연스럽고 빠른 길이 된다.)

○ 바른 연필잡기 바라 보기 : 바른 연필잡기의 경제적 또는 자아 실현의 관점

　이러한 필요성(중요성)이 있음에도 불구하고, 바른 연필잡기가 경시되기 때문에 질문의 관점을 바꿔봤다.

　바른 연필잡기에 필요한 것은 무엇일까? 물음을 바꿔본다. 골프를 잘 하기위해 필요한 것은 무엇일까? 골프를 잘하기 위해서 필요한 것은 대부분 바른 자세라고 말한다. 좋은 자세는 습관이다. 습관이 되기까지가 힘들다. 때로는 자연스러움과 당연함과 편안함이 습관이 되기도 한다. 습관이 되면 힘과 많은 노력이 필요하지 않다. 습관은 자연스러움이다. 골프채, 골프공, 골프화 등과 같이 도구는 후순위이다. 물론 도구가 좋으면 한계를 극복하기는 쉬워진다. 그러나, 도구가 가진 효과의 극대화를 위해서는 좋은 자세는 필수적이다.

　골프를 선택한 것은 골프가 가지고 있는 현대 사회의 이미지가 있기 때문이다. 골프를 단순한 스포츠라고 보기 보다는 골프가 스포츠의 영역을 넘어서 현대 사회 생활에 끼치는 경제적 부와 이에 따르는 사회적 지위를 주기 때문이다. 골프를 잘하면 자아실현을 포함한, 높은 수입, 안정적인 생활을 주기 때문이다.

　바른 연필잡기에 필요한 것은 무엇일까? 물음을 바꿔본다. 공부를 잘 하기위해 필요한 것은 무엇일까? 바른 연필잡기는 공부를 잘하는 것과 많은 관계가 있다. 골프에서는 자세가 중요하다고 많이들 말하지만, 공부에서는 자세를 중요하게 생각하지 않는 경우가 많다. 여기에서 자세는 공부의 중요한 요건 중의 하나인 바른 연필잡기(예쁜 글씨쓰기는 아님)를 포함한 바른 자세이다.

　골프를 잘하면 좋은 점은 경제적 혜택, 성취감, 자아실현감이 있다는 것이다. 공부를 잘하면 좋은 점 또한 경제적 혜택, 성취감, 자아실현감이 있는 것이다. 골프에서 자세가 중요하게 계속 상기 되는 것처럼, 학생들에게 학교생활에서, 또는 일상생활에서 꼭 필요한 바른 연필잡기와 함께 바른 자세의 중요함은 학생들에게 계속 상기 되어야 한다.

○ 바른 연필잡기 바라 보기 : 현대적 관점
(현대사회에서 바른 연필잡기의 사용 의미)

바른 연필잡기는 과거의 유물이 아니며, 최소한 현재 진행되고, 미래를 결정하는 기본적이며 필요한 쉬운 습관이다. 바른 연필잡기는 우리 생활에서 생각보다 창조적인 영역에서 중요하게 사용된다.

한국에서 만들고 있는 최신 스마트 기기인 삼성의 갤럭시 노트 스마트폰과 삼성 노트북 Pens 는 S pen이라는 명칭으로 Pen을 사용하는 기능을 가지고 있다.

미국에서 만들고 있는 애플에서는 Apple Pencil 이라는 명칭으로 Pen을 사용하는 기능을 추가했다.

극장에서 개봉한 **신과 함께** 영화는 1,000만명의 관객을 넘어 1,500만명에 육박하는 누적 관객수를 기록하였다. 영화 '신과 함께'의 원작은 인터넷에서 공급하는 웹툰으로 제작되었다. 웹툰의 제작은 디지털 **스타일러스 펜** 이라는 생소한 도구가 사용된다.

주호민 작가의 '신과 함께' 하정우, 차태현, 이정재 등. 초호화 캐스팅
윤태호 작가의 '미생' 장그래 역의 임시완을 대박 스타로 만듦
기안84 MBC '나 혼자 산다.'에 꾸준히 출연

웹툰 제작이 새로운 문화와 파급 효과를 가진 경제 생성의 도구가 되는 것이다. 스타일러스 펜은 바른 연필잡기가 되면 훨씬 빠르게 창의적으로 아이디어를 웹툰으로 만들 수 있다.

스마트폰이 대중화 되면서 디지털 시대를 표방하는 지금의 시대에 과거의 유물정도로 인식되던 Pen이 다시 최신 스마트 기기로 들어오고 있는 것이다. 그리고 우리가 인지하지 못하고 있을 뿐이지 바른 연필잡기가 중요해졌다.

2020년 상반기 초등교사가 되기 위한 예비 교원 3명의 실습을 2주간 지도하였다. 모두들 첨단 IT장비를 가지고 있었다. 노트북을 비롯하여 스마트폰, 아이패드를 가지고 있었다. 그리고 공통적으로 애플펜슬을 사용하고 있었다. 이유를 물어보니,

화면에 직접 사용하기가 편하다는 것이었다. 필자가 강조하는 직관적 입력이 수월하다는 것이다. 결국 직관적인 것이 경쟁력이 되기 때문이고 실제로 사용하는 것이다. 직관적 입력이 필요한 장비를 수능에서 고득점자들이라고 생각되어지는 교대생들이 사용하는 것은 생각해 봐야 할 화두이다.

디지털과 전자기계를 표방하는 시대라고는 하지만 '쓰기 기능이 있는 Pen'이 가지고 있는 장점을 쉽게 놓을 수 없다. TV에서 보여지는 디지털 및 전자기계 제품 광고를 살펴보면, 광고에서 추구하고 있는 Pen에 대한 핵심 생각은 다음과 같다. '아이디어의 빠른 스케치는 Pen 만이 가지고 있는 장점이고, 아이디어의 스케치는 놓치기 쉬운 창의적인 생각을 순간적으로 캐치하고, 구조화하며, 더욱 발전시킬 수 있다.'는 것이다.

그런데, 아이러니하게도 스마트 기기의 Pen은 얇고, 사용해야 하는 부분이 한정되어 있어서 정교한 사용이 필요하다. 결국 아날로그 시대의 바른 연필잡기가 더욱 필요해졌다.(애플사의 애플 펜슬과 스타일러스 펜은 어느 정도 바른 연필잡기를 위한 표준적인 두께를 가진 펜이다.)

바른 연필잡기의 필요는 새롭게 대두되지만 한동안 등한 시 되어 퇴보하였다. 한번 퇴보하니, 다시 형식을 잡는 것이 쉽지 않다. 그래서 바른 연필잡기는 과학적이고 정형화된 교육방법 없이 중구난방적으로 진행되고 있다. 비과학적이고 몸의 균형을 생각하지 않는, 힘의 진행 방향을 고려하지 않는, 역학적으로도 맞지 않는 여러 방법들이 민간 설화 또는 민간 요법처럼 가정에서, 유치원에서, 학교에서, 학원에서, 요즘은 인터넷이라는 공간에서 교육이라는 이름으로 전통 또는 정설, 전설처럼 전해지고 있다. 코로나19가 전세계를 강타한 2020년 상반기, 학생들에게 원격수업을 강의하는 **공교육의 대표라고 표방하는 EBS 교육 방송마저도 바르지 않는 방법을 자신 있게 설명**한다. 그렇지만 필자는 다년간의 연구의 결과로 자신있게 바르게 설명할 수 있다.

이제 바른 연필잡기는 필요성을 이해하고, 이론을 체계적으로 만들고, 널리 보급 해야 할 필요가 있으며, 학생들에게 기본적으로 할 수 있도록, 교육현장에 널리 보급 되어야 한다. 미래 사회에 창조적인 먹거리를 만드는 기본으로 사용해야한다.

그래서 '**탁월함에 이르는 바른 연필잡기의 위대한 힘!**'을 구상하고 집필하게 되었다.

2019년에는 선행작업으로 바른 연필잡기에 가장 적합한 도구를 개발했다. 개인적인 수작업 형태라서 대중화하기에는 한계가 있다. 원리는 간단하니, 관심이 있으면 가정에서 만들어 사용하면 된다. 그래도 도구가 좋으면 목표를 이루기가 수월하니, 시중에서 구할 수 있는 것과 도구들을 조사하여, 그 중에서 바른 연필잡기에 가장 적합할 수 있는 도구를 몇 가지로 압축했다. 도구 편에서 자세하게 설명되어있다.

집필하는 과정에서 생각보다 분량이 많아져서 이론편과, 실제편으로 구분하였다. 이론편은 많은 조사와 실험을 통해서 완성하였고, 실제편은 가장 쉽게 단계적으로 해결할 수 있도록 하는데 많은 시행착오를 거쳐서 완성하였다. 실제편의 분리를 통하여 실습할 때 두께에 의해서 발생하는 피로도를 완화시켰다.

지금 보고 있는 이론편을 기본으로 하여 실제편을 활용하면 누구나 쉽게 바른 연필잡기를 할 수 있으며, 쉽게 지도할 수 있으며, 혜택을 누릴 수 있으며, 그 열매의 달콤함을 맛볼 수 있을 것이다.

二(II). 교과서 및 현재 교육현장(가정, 학교, 사회)에서 나타나는 바른 연필잡기 교육의 문제점

쓰기 교육 자료는 초등학교 전 과정에 걸쳐서 국어 과목으로 학생들의 교육과정에 적용되어 있다. 국어 교과서 중 하나인 '국어활동'은 글씨 쓰기 영역이 저학년에서부터 꾸준히 제시 되어 있다. 대표적으로 제시된 방법은 반투명 종이(미농지, 트레이싱지)를 글씨 위에 대고 쓸 수 있도록 교과서를 제작하여 학생들을 교육하고 있다.

모범이 되는 글씨를 반투명 용지에 대고 쓰는 방법은 모범이 되는 글씨를 따라서 쓰기 때문에 학생들에게 보여지는 쓰기 결과물이 좋아서 전통적으로 효과적인 방법으로 인식된다. 그러나 이것은 단지 따라쓰기일 뿐이다. 미농지를 제거하고 글씨 쓰기를 하면 글씨가 다시 엉망이 되는 경우가 많다. 그리고 지금 주제로 삼고 있는 쓰기(단순하게 글씨를 예쁘게 쓰는 것이 아님. 여기서 쓰기는 생각의 발현, 구조화 등의 창조적인 쓰기를 기본 생각으로 함.)의 기본인 바른 연필잡기와의 관계가 불분명하다.

국어 활동 및 주위에서 실시되고 있는 글씨 쓰기 교육에서 범하는 모순은 다음과 같이 많이 있다. 바른 연필잡기 교육에 관심이 없는 듯 하다.

1. 바른 연필잡기의 중요성을 인지하지 못한다.(가장 중요)
2. 필기 도구의 고려가 없다.
3. 정형화된 손 모양이 없다.
4. 근거 없이 지도하는 시연자 자신만의 손모양의 자세만 강조하기도 한다.
5. 이론적 근거가 없다.
6. 이해를 하거나 지도를 할 수 있도록 하는 과정이 생략되었다.
7. 자세(이 부분 마저도 오류가 있다.)만 강조하면서 시작하고,
   교재에서는 막상 예쁜 글씨 쓰기로 넘어간다.
8. 교과서에 접히는 부분이 있어서 손모양을 바르게 하기 어렵다.
9. 바른 연필잡기에 **사용되는 힘을 고려**하지 않았다.
10. 연습 방법의 체계적인 방안이 없다.
11. 십자 기준선은 한글 교육에 부적합하다.

12. 세로 쓰기를 기본으로 어느 정도 연습해야한다.

13. 바르게 쓰기와 예쁘게 쓰기는 구별되어야 한다.

14. 예쁜 글씨 쓰기로 국한 되어서는 곤란하다.

15. 글씨체를 구분해야한다.(4가지 범주)

16. 학생들의 손의 크기에 비해 연습으로 제시된 글씨의 크기가 크다.

17. 어른들에게도 큰 글씨인 경우가 많다.

18. 배우는 과정에서 숫자, 글자 등의 우선 순위의 단계를 고려하지 않았다.

19. 난이도에 따라서 체계적으로 연습하지 않았다.

20. 손모양 고정형 연습과, 손가락 움직이기 연습과 구분해야 한다.

21. 바른 연필잡기를 체계적으로 배운 사람이 없다.

22. **교육의 공영방송이라는 EBS 마저도 바르지 않다.** 2020년 상반기는 코로나 19로 인하여 전국적으로 EBS원격 수업이 실시되었다. 초등 저학년을 지도하는 EBS 강사가 바른 연필잡기를 하지 못했다. 교육에 있어서 EBS는 상징적인 의미가 크다. 잘못하면 그것이 표준화가 될 수 있다. EBS 강사진이 바른 연필잡기를 하지 못하는 이유는 자세의 중요함과 선순환 관계를 고민하지 않았기 때문이다. 바른 연필잡기가 중요하지만 참고할 만한 것이 없었기 때문이다.

위에 열거한 모순을 해결할 수 있도록 계획하여 초등학교의 국어활동에 제시되어 있는 쓰기 영역과 바른 연필잡기가 필요한 국내외의 지구상에 모든 세대를 아우를 수 있는 자료를 개발하였다. 그래서 세계 사람들이 볼 수 있도록 표지에 다양한 언어를 이용하여 **위대한 힘**을 번역하여 표시하였으며, 시각적으로 한 눈에 알아볼 수 있는 바른 연필잡기를 대표하는 의미 있는 문양을 만들었다.

바른 연필잡기를 위해 고민한 영역이 20개 정도 된다. 이렇게 20개 정도의 영역을 고민한 경우는 세계 어느 곳에서도 시도하지 않았다. (아직은 찾을 수 없었다.) 20개 정도의 영역을 거의 완벽하게 해결했다.
 - 우선 바른 연필잡기의 문양을 만든 것 부터가 많은 고민의 흔적이며 완성도를 높이려는 노력이다.
 - 筆名(필명)도 만들었다.
   : 名人(명인), The Meister 이름에 부끄럽지 않으려고 스스로에게 책임감과 권위를 심어주려고 했다. 후에 伯樂(백락)도 추가하였다.
   : 그리고 그 筆名이 부끄럽지 않게 되었다.

한눈에 알아보기!

: 대략적인 구성 방향의 큰 틀 (방법 및 절차)

이론편과 실제편으로 구분하여 2권으로 제작

이론편은 필요성, 용어 정리, 도구 선택 등 다양한 관점에서 바른 연필잡기를 설명하여 교수자에게는 이해와 설명의 근거, 실습자는 이해의 근거가 된다.

필요성, 문제점, 구성방향, 예시, 용어제작, 도구 선택, 바른 연필의 모양(손에서), 손의 구조 및 정형화 된 각도, 자세의 과학화 손모양 살펴보기, 손의 구조 및 관련 신체 기관 알아보기, 손과 관련된 신체 기관 및 자세 알아보기, 힘의 종류와 방향 및 과학적 원리, 선긋기 연습(허공에서) 연필 한칸씩 돌리고 선긋기 연습하기, 실습 교본의 설명

실제편은 일반화 자료의 제작으로 교육 현장 또는 가정에서 실제로 바른 연필잡기를 만들어주는 실습 교본이다.

- 기본 선 연습
- 응용 선 연습
- 흐름과 결 느끼기 연습
- 글씨 쓰기 연습 : 숫자편(실제 연습)
- 글씨 쓰기 연습 : 한글편(실제 연습)

※ **전체적으로 주의사항 : 예쁜 글씨 쓰기의 오류에 빠지지 않기**

三(Ⅲ). 유명인(위인)들의 손 모양 살펴보기
- 다양한 예시를 통한 직관적, 귀납적 이해

'동질의 집단에서는 미세(미묘)한 차이가 승부의 승패를 가른다!
동질의 집단에서의 바른 연필잡기는
절대적 차이이다. 미세(미묘)한 차이가 아니라……!'

위의 표현은
'승부에 집착하는 모습'이라 반감이 들 수도 있지만,
바른 연필잡기는 호흡과 같은 것이라
한번 습관화되면 힘들이지 않고,
평생~~~
창의력, 집중력, 건강, 인간관계, 멋 등이
맑은 날 그림자처럼 뚜렷하게 긍정적인 방향으로 따라 다닌다.
향기 좋은 꽃이 피면, 꽃 자체로 있기만 해도,
특별한 노력없이
좋은 향기가 나는 것과 비슷하다.

바른 연필 잡기를 교육하기 위해서 보통 행해 지고 있는 접근 방법이 다음에 나열하는 것과 같이 다양하다. 직접 모범이 되는 바른 연필 잡기를 시연하기도 하고, 바른 연필 잡기의 형태를 학생에게 직접 만들어 주기도 하고, 이론적으로 설명하기도 한다.(이렇게 행하는 행위자가 맞다고 할 수도 없다.) 필자는 과학적인 이유(해부학적, 역학적 근거)를 들어 설명하기까지 한다. 그러나 이렇게까지 열심히 설명하여도, 설명하고 있는 필자가 일반인 또는 보통인이기 때문에 설명하는 것(바른 연필잡기에는 전문가가 공식적으로 없음)은 연필잡기에 대한 공식적인 이론, 지침이라고 생각하지 않는다. 그래서 자신만의 연필잡기 주관이 있는 사람들이 보기에는, 받아들이는 입장에서 보면 부정하기 쉬운 예시에 불과하다. 그래서 다양한 방법으로 전문가가 되기 위해 연구했으며, 이론적 근거를 마련하고 실습방법도 개발했다.

그 이론적 근거를 찾기 위해서 **고대에서 현대까지, 동양에서 서양까지, 역사적으로나, 사회적으로 위인이라 불릴만한 유명한 다양한 사람들을 찾아서 직업군으로 나눠서 사람들에게 좋은 본보기의 예시 자료로 활용**했다. 위인들의 권위에서 나오는, 범접할 수 없는, 쉽게 거부할 수 없으며, 받아들이려고 하지 않을 수 없는, 궁극의 모범이 될 만한 다양하지만 꼭 필요한 요소를 갖춘 공통적인, 정형화된 바른 연필잡기의 손모양을 제시한다. 제시된 손모양을 관찰하고, 직접 관찰을 통해 교육하거나 교육받는 사람들이 직관적으로 이해하고, 그 손모양을 따라하면 된다.

이번 장에서 위인들의 바른 연필잡기 손모양을 직관적으로 이해하고, 위인들의 다양한 삶을 생각해보기를 바란다. 다음 장 이후로 직관적 이해에 추가된 과학적 설명을 통하여 이해와 원리를 도왔다.

> 유명인들까지 끌어들이면서도
> 구구절절 만연체로 다시 설명했는데,
>   바른 연필잡기의 중요성을 강조해도 많이 흘려 듣기 때문이다.

유명인들의 바른 연필 잡기 손 모양은 어느 **한 모양으로 귀결** 된다. 반복해서 설명 될 수 도 있지만 바른 연필잡기의 기초적이며 중요한 원리이기 때문에 계속 강조한다.

연필을 잡았을 때 엄지보다는 검지가 길게 나오고, 검지보다는 중지가 길게 나온다. 이것은 평균적인 사람들의 통계에 의한 손가락의 길이에 의한 것이기 때문에 부정할 수 없는 자연의 법칙이다. 연필의 위치는 검지 손가락 뿌리쪽 꼭지점(중수관절) 어느 곳에 걸쳐 있음을 발견하게 된다. 유명인들의 손모양을 분석한 결과를 토대로 6장, 7장, 8장, 9장에서 의학적, 해부학적, 과학적 설명을 한다.

유명인들을 그냥 나열하면 복잡할 것 같아서 나름대로 분류를 하였다. 기준은 사회 공헌도, 유명세, 저명도, 우리나라의 상황 등을 고려하였다. 그래서 과학자, 음악가, 미술가, 수학자, 건축가, 작가, 종교인, 철학가(사상가), 정치인, 기업인, 광고, 기타의 순으로 정했다. 12개의 분야에서 두각을 나타내는 많은 사람들 중 40여명을 선정하고, 대표할 수 있는 많은 사진들 중에 100여장의 사진을 예시 자료로 선정하였다. 바른 연필잡기를 위한 방대한 자료이다.

나름 순서를 정하고, 이에 적당한 예를 찾으려고 했는데 생각보다 어려운 작업이었다. 원하는 바른 연필잡기의 손모양을 찾기 어렵기 때문이다.

과학자는 유명한 사람은 많은데 적당한 손모양을 가진 과학자의 모습을 담은 사진은 찾기 어려웠다. 음악가는 유명한 음악은 많이 있지만 초상화, 사진 등에서 손모양까지 묘사한 모습은 구하기 어려웠다. 미술가는 자료가 많아서 고르는 어려움이 있었다. 수학자는 수학 교육이 중요하기 때문에 많은 예시를 들고 싶었지만 예가 적었다. 건축가는 유명한 건물은 많이 있었지만, 건축물이 건축가를 대표하기 때문에 찾기 어려웠다. 작가는 동서양을 막론하고 많이 있어서 선택하는 것이 어려웠다. 한국인, 명작, 베스트 셀러 등 기준을 두어서 선정하였다.

종교인은 종교적 편향성을 가지지 않으려고 했으나, 전체적으로 쉽게 구할 수 있는 사진의 영역이 한정되어 있었다. 철학가(사상가)는 옛날의 인물이 많아서 바른 연필잡기 손모양을 구하기 어려웠다. 정치인은 대중에게 보여지는게 중요해서인지 역시 많은 인물이 있었다. 선정하면서도 종교인과 정치인은 편향성이 있을까 걱정이 되었다. 순서가 서열처럼 될 것 같아서 어려움이 있었다. 현재(2020년)의 한국 대통령인 문재인 대통령(다행히 바른 연필잡기를 하고 있음.)은 맨 앞에 위치하고, 한국 정치인 중 연필잡기가 좋은 노무현 전 대통령은 정치인의 마지막에 두어 한국 정치인을 처음과 끝으로 배치하는 구성을 선택했다. 나머지 정치인은 한국에서 가까운 지리적 거리를 기준으로 우선 순위를 정하였다.

기업인은 연필을 잡고 있는 사진을 구하기 어려웠다. 광고에서의 손모양은 생각보다 구하기 어려웠다. 광고는 손모양이 우선되는 광고보다는 얼굴, 형체, 광고 대상이 주가 되기 때문인 것 같았다. 그리고 마지막의 기타에 해당하는 사람들은 주위에서 관심을 두면 볼 수 있는 사람들과 의외의 인물로 언급 하였다.

다양한 사람들을 찾아보았다. 많은 시간과 노력이 투입되었다. 많은 예시 자료이다. 이렇게 많은 예시 자료를 제시하는 것은, 모집단을 키우기 위해서이다. 모집단이 커지면 자료의 신뢰도가 높아지면서 오류가 줄어들기 때문이다. 커진 모집단의 사람들이 하고 있는 바른 연필잡기 손모양을 찾기 위해서이다. 그리고 **결국 궁극의 바른 연필잡기 손모양을 찾았다.** 이 사람들은 귀결되는 바른 연필잡기 손모양을 가지고 있다. 그 바른 연필잡기 손모양을 가지고 자기의 분야에서 열심히 노력하였다. 그리고 많은 사람들이 바른 연필잡기 손모양을 통하여 세계 최고봉에 올랐다.

다양한 예시 자료를 통하여 **바른 연필잡기를 가볍게 생각하지 않으면서, 정말 많은 곳에서 바른 연필잡기가 중요하다고 긍정적인 방향으로 생각을 바꿔주면 좋겠다.**

각 분야별로 여러 위인들의 바른 연필잡기 손모양이, 학생들에게 바른 연필잡기를 하고 싶은 마음의 동기를 심어 줬으면 한다.

1. 과학자 : 뉴톤, 아인슈타인

　과학자는 현대생활을 하는 우리들에게 많은 편리성을 제공한다. 학생들에게 꿈을 물어보면 과학자는 언제나 상위에 위치하고 있는 직업영역이다. 과학자는 창의성의 대표직업군이라 볼 수 있다. 과학자는 창의적인 생각이 사라지기 전에 기록을 남겨야 할 필요가 많다.

　과학자는 창의성의 결과를 표현하는 것이 다른 직군에 비해 손을 사용하여 필기를 많이 하지는 않지만 역사를 통한 위대한 업적을 많이 남겼기 때문에 처음에 적었다. 특히 뉴톤과 아인슈타인은 '뉴톤' 또는 '아인슈타인'이라는 이름 한 가지만으로도 엄청난 존재감과 존경심이 느껴지며, 거기에서 나오는 바른 연필잡기는 경외롭기까지 하다.

　아이작 뉴톤
　옆에 그림을 보면 콤파스를 잡고 있어도 안정적인 것을 볼 수 있다.

　만유인력을 발견
　세가지 운동 법칙을 발견하고, 이론화 시킴
　반사 망원경을 발명
　미분과 적분을 체계화 함
　케플러의 3대 법칙을 수학적으로 증명하여 천문학에 공헌함

　뉴톤의 힘의 연구는 바른 연필잡기의 역학적 관계를 설명하는데 많은 도움을 주었다.

상대성 이론을 발표한
세계의 석학 아인슈타인

아인슈타인이 펜을 들고 메모를 하는 사진이다. 펜을 잡고 있는 모습에 기품, 안정감, 천재성, 여유 등이 느껴진다.

상관관계 : 손이 더 누워야 할 필요가 있는 경우가 있다.

지면이 좋지 않으면 손을 더 눕혀서 접촉면이 많게 하면 안정적이 된다.

　설명하는 모습이 안정적이고 자상해 보인다.

　앞에 제시된 사진과 다르게 직접 설명하고 있는 듯한 사진이다. 왼손과의 협응도 잘되어 있는 모범적인 모습이다.

　이렇듯 안정적이어야 오랜 시간 연구할 수도 있고, 아이디어의 빠른 구조화가 가능하다.

　다리를 꼬고 앉아서 포즈를 취하고 있는 아인슈타인이다.

　손의 모양은 어떤 상태가 되어도 자연스러운 습관이 되어있다.

2. 음악가 : 모차르트, 베토벤, 슈베르트, 하이든, 헨델, 비발디, 엔니오 모리코네

    우리에게 청각적인 아름다운 소리를 감상할 수 있게 해주는 음악가는 손을 많이 사용한다. 지휘를 하기도 하며, 건반을 누르기도 하고, 바이올린과 같은 현악기의 활이나 현을 다룬다. 여기까지는 바른 연필잡기는 별로 필요하지 않다. 음악가에게 있어서 바른 연필잡기는 머릿속의 악상을 빠르게 기록해야하기 때문에 바른 연필잡기가 필요하다. 특히 머릿속에서 갑자기 떠오르기도 하며, 머릿속에 있는 것을 옮겨야 하기 때문에 빨라야 하며, 잔 동작이 필요 없는 군더더기 없는 깔끔한 바른 연필잡기가 필요하다. 잔 동작이 생각의 간섭 및 왜곡을 만들 수도 있기 때문이다. 머리에서 떠오르는 악상을 악보 위에 펼치는 것은 굉장히 신속하고, 정확한 기록이 필요하다.

    특히 펜을 잡은 손 모양을 살펴보면 전형적인 바르고, 안정적인 모습의 연필잡기를 이루고 있다.

음악의 천재라 불리우는 모차르트

'마술 피리'와 같은 멋진 오페라를 만든 모짜르트의 모습은 오스트리아 짤츠부르크에 있는 그의 동상에 잘 나타나 있다.
  오른손 끝 연필을 잡는 모습은 전형적인 바른 잡기를 하고 있다.

음악의 성인 '樂聖'이라 불리우는
루트비히 판 베토벤

교향곡 5번 운명, 월광 소나타 등
유명한 음악을 작곡하였다.
악보 위에서 펜을 들고 있는 모습은
머릿속의 악상을 바로 옮길 수 있을 듯
하다.
악보를 그리기 위해 5선 펜이 있다.
한번에 5선을 그을 수 있는데 바른 연
필잡기를 하지 않으면 반듯한 5선을
그리기 어렵다.

악보를 그리는 5선 펜촉이다. 중심이 한쪽으로
쏠리면 나머지 한쪽이 지면에서 떨어지며 컴퍼스
역할을 하며 틀어진다.

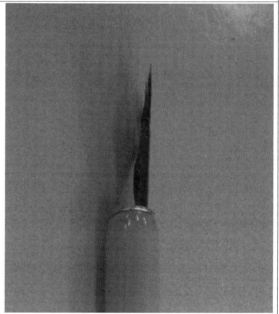

옆에서 보면 일판 펜촉과 거의 차이가 없다.
바른 연필잡기의 좋은 도구이다.

교향악의 아버지라 불리우는 하이든

하이든은 장학퀴즈 음악인 트럼펫 협주곡을 만들었다.
동상, 초상화 등 다양한 자료에서 바른 연필잡기를 하고 있다..

가곡의 왕이라 불리우는 슈베르트

'Ave Maria'를 좋아한다. 깃털 펜이 놓여 있는 위치와 손이 바르게 서있는 모습이다.
안정적으로 악보를 그릴 수 있다.

동상에서도 바른 연필잡기를 하고 있다.

마왕, 송어, 자장가 등이 유명하다.

오페라 리날도를 작곡한 헨델

영화 파리넬리에 나오는 '울게 하소서.'를 작곡한 헨델

고민하는 모습을 잘 표현 했다. 펜을 잡은 오른손은 안정적이다.

사계를 작곡한 비발디

바이올린을 들고 펜을 들고 있는 모습이 안정적이다.

엔니오 모리코네

　이탈리아 출생의 현대 영화 음악의 거장으로 20세기 전후의 가장 영향력 있는 음악가이다.

　미션, 시네마 천국, 황야의 무법자, 원스 어폰 어 타임 아메리카, 언 터처블(숀 코너리, 케빈 코스트너, 로버트 드 니로 출연), 벅시, 러브 어페어, 말레나 등 수없이 많은 영화의 OST를 제작했고, 아카데미 음악상을 수상했다.

3. 미술가 : 벨라스케스, 고야, 라파엘로, 달리

  우리에게 시각적인 감상을 주는 미술가 역시 손을 많이 사용하여 작품을 제작한다. 여기에 분류된 여러 직업군 중에 가장 많이 손을 사용한다.

벨라스케스 : 화가들의 화가

스페인 마드리드 프라도 미술관 정문에 동상이 있다.
스페인 바로크를 대표하는 17세기 화가이다. 유명한 작품도 많다. 벨카스케스가 만든 세계적으로 유명한 작품들도 벨라스케스가 영감을 준 화가들인 고야, 마네, 피카소, 달리 등에 비하면 초라할 정도로 느껴진다.

  붓을 쥔 손모양이 안정적이다. 각도를 다르게 관찰할 수 있는 동상에서는 더욱 사실적으로 알 수 있다.

고야

마야 그림으로 유명한 고야
사라고사에 있는 고야의 동상은 연필잡
기를 바르게 한 모습이다.
무엇인가 그리기 위해 보고있는 모습에
서도 오른손은 안정적이다.

프라도 미술관 앞에 마야와 함께 있다.

라파엘로

　서양 르네상스 미술의 거장이다.
　성 베드로 대성당의 수석 건축가로 임명되기도 하였다. 전성기 르네상스 미술을 가장 잘 구현하였다고 한다.
　생각하는 모습에서도 펜을 잡은 모습은 정확하다.

　밑에 그림은 바티칸 궁에 있는 '아테네 학당' 이라는 라파엘로의 그림이다.

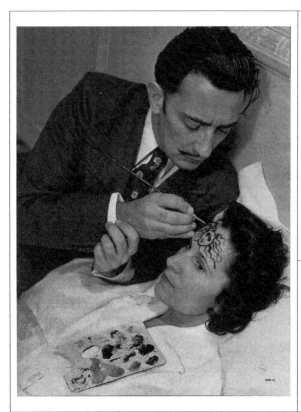

살바도르 달리

 여인의 이마에 그림을 그리고 있다. 손이 떨리지 않게 왼손으로 받히고 그림을 그리고 있으며, 붓을 잡은 손 모양은 정형적인 안정적인 모습이다.

 밑에 있는 깃처럼 달리의 작품은 쉽게 저렴하게 구할 수 있다.

4. 수학자 : 유클리드, 피타고라스

　수학자는 창의적인 계산법을 많이 생각해낸다. 계산기가 없던 시절의 수학자들은 더욱 더 손을 많이 사용해서 계산해야 했다. 지금은 계산기가 많은 부분을 해주지만 여전히 계산기를 돌리기 위한 창의적인 부분은 인간의 몫이다. 계산을 위한 알고리즘을 만드는 것이 중요하다.

　수학자들도 손을 많이 사용한다. 수식을 전개하고, 그래프를 작성하며, 도형을 그리기도 한다. 특히 '기하학 원론'을 쓴 유클리드는 당시의 수학을 집대성 하였으며 역사상 가장 위대한 책을 집필한 것으로 후대에 알려졌다.

　대학입학 수학능력 평가에서 수학 시험을 보는 한국의 학생들에게 숫자를 바르게 쓰는 것은 매우 중요하다.

　기하학의 창시자 유클리드

　옥스포드 대학 유클리드 동상이다.
　오른손 연필잡은 모습이 전형적으로 모범적인 손모양이다. 특히 황금비를 중요하게 생각하는 동상에서 나오는 모습은 입체적인 아름다움을 형상화 한다.
　피타고라스의 정리를 유클리드가 증명했다고 전해진다.

수학자 피타고라스

　직각삼각형과 관련된 피타고라스의 정리는 피타고라스가 정리하기 전에 고대 이집트나 중국에서 이미 사용되고 있었다고 한다. 피타고라스의 정리라고 하는 이유는 식의 형태로 완성하고 그 증명을 기록으로 남겼기 때문이다.

　피타고라스의 모습은 구하기 어려웠다. 라파엘의 '아테네 성당'에 그려져 있으며, 프랑스 샤르트르 대성당 서쪽에 부조로 되어있다. 피타고라스와 도나투스가 함께 있는데 손의 모양은 바른 모양을 하고 있다.
　샤르트르 대성당은 프랑스 파리 남서쪽 약 50km에 위치하고 있으며, 프랑스 고딕 양식을 대표하는 성당으로 알려진 성당이다.
　'샤르트르의 푸르름' 또는 '샤르트르의 블루'으로 알려진 아름다운 푸른색은 순례자나 여행자를 이곳으로 부른다.

5. 건축가 : 아놀포 디 캄비오, 마리오 보타

    건축가는 창의적인 생각을 선으로 표현하는 대표적인 직업군이다. 건축을 위한 설계도는 굉장히 방대하다. 생각을 빠르게 스케치해야 할 필요도 있고, 정교하게 해야 할 필요도 있다. 건축물의 크기와 규모가 클수록 넓은 종이와 긴 선이 많이 쓰인다. 보통 초등학교에 있는 체육관 정도의 건물은 A3 크기의 종이가 100장도 넘게 설계도로 쓰인다.

아놀포 디 캄비오

  이름이 어렵고 생소하지만 그의 건축물은 정말 유명하다.
  이탈리아 피렌체 두우모 대성당의 설계자이자 건축가이다.
  건축에 소요되는 도면은 양이 어마어마하게 된다.
  건축가는 많은 양의 도면을 그려야 하기 때문에 바른 연필잡기가 필수이다.

마리오 보타 : 영혼의 건축가

건축가는 이름보다는 건출물을 예를 들어야 한다.
서울 삼성 미술관 리움과
서울 강남의 교보타워를 건축 했다.
광화문의 교보빌딩과 혼돈하면 곤란하다.
어렸을 때에도 바른 연필잡기를 하였다. 펜을 들고 있는 모습이 인상적이다.

6. 작가 : 이병기, 윤동주, 서정주, 나태주, 최명희, 조정래, 이외수,
       톨스토이, 셰익스피어, 헤밍웨이, 조엔롤링, 생택쥐베리, 모옌

　작가는 대표적으로 글을 많이 쓰는 직군에 속하며, 바른 연필잡기가 특별히 더 필요한 집단이다. 바른 연필잡기를 하지 않으면 장시간 앉아 있을 수 없으며, 그로 인해 많은 집필이 불가능하기 때문이다. 바른 연필잡기를 하지 않으면 집중력이 흐트러지면서 좋은 글을 쓸 수도 없기도 한다.

한국 현대 시조의 한 획을 그은 가람 이병기

　붓을 잡은 손에서도 바른 연필잡기를 하고 있다.

　가람 이병기는 국문학에서도 고전을 발굴 소개했다. 한중록, 인현왕후전 등과 춘향가를 비롯한 신재효의 판소리 등을 발굴 소개하였다. 수집한 방대한 장서를 서울대학교에 기증하여 서울대 중앙도서관에 '가람문고'가 설치되었다.

　1912년 주시경의 조선어강습원에서 조선어문법을 배웠으며, 1921년 조선어문연구회를 발기, 조직하여 간사의 일을 보았다.

　1930년 조선어철자법 제정위원이 되고, 조선문학을 강의하다가 1942년 조선어학회 사건으로 옥고를 치렀다.

별 : 노래로 만들어져서 불린다.

바람이 서늘도 하여 뜰 앞에 나섰더니
서산머리에 하늘은 구름을 벗어나고
산뜻한 초사흘달이 별과 함께 나오더라

달은 넘어가고 별만 서로 반짝인다.
저 별은 뉘 별이며 내 별은 또한 어느 개오.
잠자코 호올로 서서 별을 헤어 보노라.

난초 : 가람 이병기는 난초 시인이라 불린다.

빼어난 가는 잎새 굳은 듯 보드랍고,
자주빛 굵은 대공 하이얀 꽃이 벌고,
이슬은 구슬이 되어 마디마디 달렸다.

본디 그 마음은 깨끗함을 즐겨하여,
정(淨)한 모래틈에 뿌리를 서려 두고,
미진(微塵)도 가까이 않고 우로(雨露)받아 사느니라.

시인 윤 동 주
1917년 12월 30일
1945년 02월 16일

한국인이 가장 사랑한 시인 윤동주

영화 '왕의 남자'를 감독한 섬세한 감정의 소유자 이준익 영화 감독의 영화 '동주'

윤동주 시인의 연필잡는 모습은 구할 수 없었으나, 영화 동주에 나오는 모습이 잘 표현되어 참고 할 수 있도록 넣었다.

바른 연필잡기는 정자세 뿐만이 아니라, 힘든 상태에서도 필기할 수 있다.

국화 옆에서 미당 서정주

  왼손과 오른손이 협응을 이루며 안정적으로 바른 연필잡기를 하고 있다.

풀꽃 시인 나태주

  서명회에서도 안정적으로 바른 연필잡기를 하고 있다.

혼불의 저자 최명희

　17년간 쓴 대하소설 혼불, 수많은 우
리말이 담겨 있어, 국문학적 가치가 매
우 높다.

　바른 연필잡기는 소설가에게 있어서
꼭 필요한 기본 소양이다.

태백산맥의 작가 조정래

 우리 민족의 분단의 현실을 글로 적었다.

조경래, 최명희, 박경리 등의 작가는 우리나라가 겪은 시대의 아픔을 적고, 표현했다.

소설가 이외수

바른 연필잡기를 하고 있다.

러시아의 대문호 톨스토이

'전쟁과 평화', '사람은 무엇으로 사는가?' 등 많은 작품을 남겼다.
톨스토이는 전형적인 바른 연필잡기를 하는 작가이다.
톨스토이가 펜을 들고 원고를 집필하는 모습이다.
아래 사진은 옆으로 앉아서 쓰지만 오른손은 바른 연필잡기를 하고 있다.
톨스토이의 바른 연필잡기는 초상화에서도 잘 나타나있다. 특히 왼손으로 몸의 중심을 잡아 안정적으로 집필활동을 하는 것을 볼 수 있다.

영국의 국민 작가 셰익스피어

로미오와 줄리엣, 햄릿 등 수많은 명작을 남겼다.
고민하고 있는 모습이지만 떠오르는 생각을 바로 적을 수 있도록 바른 연필 잡기를 하고 있다.

헤밍웨이

무기여 잘 있거라.
노인과 바다.
누구를 위해 종은 울리나?

쿠바의 하바나를 사랑한다.
스페인의 론다를 사랑한다.
집중해서 글을 쓰는 모습이다. 왼쪽으로 몸을 구부리고 쓰고 있지만 오른손은 안정적이다.

해리포터의 조앤 롤링

 젊었을 때 턱을 괴고 사진기를 응시하는 모습일 때에도 오른손 연필잡기는 바르다. 사진을 위해서 포즈를 취한 모습도 바른 연필잡기를 하고 있다.
 서명회에서 자신의 책에 싸인을 하는 모습도 연필잡기는 바르다.
 영국 여왕보다 재산이 많다.

어린이 꿈 어린 왕자를 지은
생택쥐 페리

어린 왕자는 현재 180여 개 언어로
번역되었다.
얼핏보면 미스터 빈의 로완 앳킨슨이
닮은 사람이다.

노벨 문학상을 받은 중국의 모옌

 모옌은 중국의 장예모 감독을 세계적인 수상감독으로 만들어 준 영화 '붉은 수수밭'의 바탕이 되는 '홍카오량 가족'을 썼다.
 장예모는 공리, 짱쯔이와 같은 배우를 배출했으며, 2008년 북경 올림픽 개폐막식 총감독을 하였다.

 '홍카오량 가족'과 비슷한 우리나라 소설은 최명희의 '혼불', 박경리의 '토지', 조정래의 '태맥산맥'등이 있으며, 모옌은 그의 소설에 중국의 전통과 삶을 담았기에 노벨 문학상을 받은 듯 하다.

7. 종교인 : 프란치스코 교황, 김수환 추기경(요한 바오로 2세), 성철 스님

　종교인들은 많은 공부를 많이 하기로 유명하다. 특별히 독신을 고수하는 신부님과 스님들은 더욱 그렇다.

교황 프란치스코

사진에 담긴 모습도 안정적이다.
　신부가 되기까지의 과정에서도 글을 많이 써야 했겠지만, 신부에서 시작하여 교황이 되기까지 많은 시간 바른 연필잡기가 습관화된 모습이다.

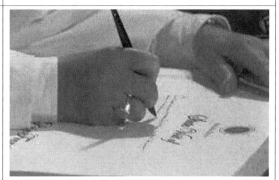

김수환 추기경 스테파노

우리나라 최초의 추기경이다.

밑에 함께 등장하는 교황 요한 바오
로 2세도 바른 연필잡기를 하고 있다.

법정 스님

　스님도 글을 많이 쓰기로 유명하다.
우리나라에서 대표적으로 유명한 무소
유(출판사 조화로운 삶)의 작가 법정
스님이다.

　만년필을 좋아하는 법정스님!
　바닥에 앉아서든 또는 책상에 앉아서
든 바른 연필잡기는 습관이 되어 있다.

　법정 스님이 머물렀던 서울에 있는
길상사는 사계절이 예쁘다. 가는 길도
예쁘고, 주변도 참 예쁘다.

8. 철학가(사상가) : 플라톤, 데카르트, 토마스 아퀴나스

플라톤

서양문화의 철학적 기초를 마련
지혜의 산실 아카데메이아의 건립자

소크라테스의 제자이며,
아리스토텔레스의 스승이다.

데카르트

근대 철학의 아버지 데카르트

대표 명언
'나는 생각한다. 고로 존재한다.'

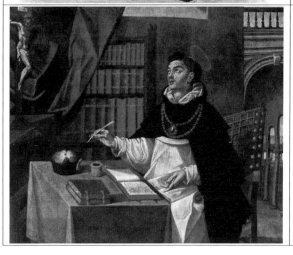

토마스 아퀴나스

서양 문화의 어머니

논리와 이성으로 신을 증명하다.
철학가(사상가)는 바른 연필잡기를 표
방한다.

9. 정치가 : 문재인, 김정은, 시진핑, 푸틴, 트럼프, 노무현

    정치가는 최소한의 학문적 소양을 가진 경우가 많이 있다. 여기에는 바른 연필잡기도 포함한다. 그래서 어느 정도 바른 연필잡기는 기본으로 잘 하는 경우가 많다. 특히 세계적으로 유명한 정치가들은 포토라인에 서서 악수를 하거나, 서명하는 경우가 많다. 서명을 하는 모습을 의전으로 사용하는 나라도 있다.(2020년 현재)

    유명 정치가의 첫 장면은 당연히 현재의 한국 대통령인 문재인 대통령이다.

대한민국 대통령 : 문재인(2020년)
대통령의 바른 연필잡기는 최소한 의전 차원에서도 필요하다.
  왼쪽과 같이 어떤 상황에서도 안정적인 모습을 나타낼 수 있다.

우리나라와 관련이 깊은 정치인들 중에 바른 연필잡기를 하는 정치인들을 찾아봤다. 어떤 순서로 배치할까 고민을 많이 하였다. 기준은 거리순이다.(2020년 현재)

	김정은 북한 노동당 위원장 동생 김여정이 보필하고 있지만 자세는 안정되어 있다.
	시진핑 중국 주석 서명하는 모습에 흔들림이 없다.
	푸틴 러시아 대통령 서명은 끝내고 펜을 놓는 장면이다. 여유와 권위가 보인다.
	트럼프 미국 대통령 서명하는 모습을 보면 안정적이고 왼손과 오른손의 조화 및 협응이 잘 이루어 지고 있다.

정치가의 처음을 한국 대통령이 시작했듯이 마지막도 한국 대통령을 선택했다.

노무현 대통령

'사람 사는 세상.' 참 멋있는 말이다.
코로나19가 휩쓴 2020년 초반에 떠오르는 말이다.
바른 연필잡기는 어떤 자세에서도 필기를 할 수 있어야 한다.
가끔 생각이 나기도 한다.
오른쪽 아래와 같이 중요한 서명의 순간에는 정말 자세도 중요하다.
옆에 서있는 사람은 북한 최고인민위원회 상임위원장 김영남이다.

10. 기업인 : 최태원, 이병철, 이건희, 신격호, 유일한,

　현대 사회에서 경제적 위치는 많은 것을 이야기 한다. 경제적으로 성공한 사람들(기업인)은 어떤 연필잡기를 할까 궁금했다. 대표적인 사람들이 떠올랐지만 펜을 잡고 있는 사진은 찾기 힘들었다.
　기업인의 등장 순서는 최근까지 생존한 기업인이 앞에 등장한다.

SK : 최태원

　최태원 회장은 바른 연필잡기를 하고 있으며, 회의 중에서도 빠른 아이디어의 정리를 위해 바르게 연필을 잡고 있다.

　SK 그룹의 김재열 부회장도 바른 연필잡기를 하고 있다.

삼성 : 이병철, 이건희

 아버지와 아들 : 잡고 있는 모습이
안정적이다.
 이병철, 이건희 부자가 만든 삼성
은 한국의 대표적인 기업뿐만이 아
니라 세계적인 기업이 되었다.
 건축가 마리아 보타가 삼성 리움
미술관를 설계했다.

이병철 회장의 붓을 쥐고 있는 모습에서
화가들의 화가라 불리우는 벨라스케스가 떠오르기도 했다.

롯데 : 신격호

 그룹의 이름 롯데는 와세다대학교 화
학공학과를 다니는 문학도 신격호가 심
취해 있던 괴테의 소설 '젊은 베르테르
의 슬픔'에 나오는 여주인공의 이름의
샤롯데에서 따온 것이다.
 롯데 타워는 현재 대한민국에서 가장
높은 것물이다.

유한양행 : 유일한(유일형)

한국의 대표적인 노블레스 오블리주이다.

한국의 독립운동도 했다. 미국 네브래스카 헤이스팅스 한인소년병학교 창설. 맹호군 창설. 나이 50에 암호명 A로 넵코프로젝트 참가

11. 광고

　광고에서 바른 연필잡기는 생각보다 범위가 한정되었다. 보통은 얼굴, 전신, 제품 등으로 광고의 초점이 맞춰저 있기 때문이다. 대부분 펜 광고에서 사용된다. 아이러 니하게도 펜 광고에서 마저도 바른 연필잡기를 하지 않은 경우도 많다.

12. 기타 유명인들 및 의외의 인물들

　유재석, 가수 수지, 부활 김태원 등 연예인, **神算(신산) 이창호 9단(바둑 프로기사)**, TV 화면에 바른 자세로 노출되는 각 방송사 아나운서, 긴 논술 시험을 합격하는 법률가를 비롯한 고시 합격자, 100분 토론, 썰전 등 다양한 영역에 참가하는 토론 참가자, **트럼프 대통령 한국어 통역사 미국 국무부(통역국장) 이연향** 등

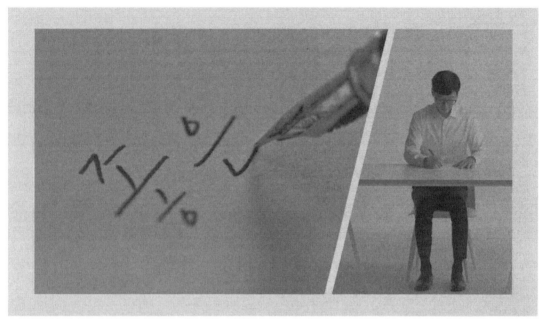

유재석은 10년이 넘도록 한국의 최고 연예인의 위치에 있으면서
바른 연필잡기 뿐만이 아니라 바른 삶을 사는 것으로 유명하다.

통역사 이연향은 바른 연필자세를 하며
미국에서 한국어 통역의 최고 위치를 차지하고 있다.

神算(신산) 이창호 9단
: 프로 바둑 기사

이창호 9단은 바른 연필잡기를 한다. 바둑계에 수많은 기록을 가지고 있다. 특히, 끝내기를 잘하면서 집계산을 잘한다고 해서 神算(신산)이라고 했다.

바둑돌도 바르게 잡아야 한다. 바둑두는 자세도 좋아야한다.
특히, 손따라 두는 실수하지 않도록 바둑돌을 잡고 있지 않는다. 주변에서 오목을 두더라도 바둑돌을 손에 쥐거나, 자세가 좋지 않은 사람들을 볼 수 있다.

이창호 9단의 일화 중 2005년 상하이 대첩이라고 불리는 바둑 이야기가 있다. 농심에서 주최하는 바둑대회로 한국에서는 이창호 9단 1명만 남았고, 상대는 중국 3명과 일본 2명의 총 5명이 남았다. 이창호 9단이 5명 모두를 상대로 하여 한국이 우승을 거둔 일화이다.

　　한국이 혼자 남았을 때 대국장에 입장하는 모습이다. 대조적이다. 극명한 모습
이다. 한쪽은 이미 승리를 예견하고 있는 듯 했다. 이창호 9단의 모습은 쓸쓸해
보이며 결연해 보인다. 이 사진의 한국 바둑사에 의미있는 사진 중에 하나로 설
명된다. 결국 이창호 9단이 마지막 상대를 이기고 우승했다. 마지막 대국을 두는
장면이다. 한국의 이창호 9단과 중국의 왕쉬 5단이다. 두 대국자 모두 바른 자세
와 바른 바둑돌 잡기를 하고 있다. 왼쪽 2명이 중국과 일본 관계자이며 오른쪽이
이창호 9단과 한국 관계자이다. 2005년 상하이에서 열린 이 바둑 대회가 이창호
9단의 상하이 대첩이라고 불리운다.

바둑은 학생들의 두뇌 발달에 좋다.

재능을 가진 상대를 넘어서는 방법은 노력뿐이다
더 많이 집중하고 더 많이 생각하는 수밖에 없다
바둑에는 '복기'라는 훌륭한 교사가 있다
승리한 대국의 복기는 '이기는 습관'을 만들어주고
패배한 대국의 복기는 '이기는 준비'를 만들어준다
-이창호, 〈이창호의 부득탐승〉-

바둑의 기보 외우기는 바둑 실력 향상, 두뇌 개발, 인내력 기르기 등에 좋다.

바른 연필잡기를 하면서 서명하는 모습이 많이 있어서 좋았다.

이창호 9단은 다양하게 서명하는 모습에서도 바른 연필잡기를 하고 있다.

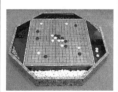

국빈 만찬에 바둑기사 이창호씨 등

이창호 9단은 중국의 시진핑 국가 주석이 참석하는 국빈 만찬에 참석하기도 했으며, 시진핑 주석이 알고 있는 한국인 중에 한 명이라고 하였다. 시진핑 주석을 애기가(愛棋家:바둑을 좋아하는 사람)이라고 한다. 한국과 중국의 정상회담때 교환한 바둑판과 바둑돌이다. 바둑판은 정사각형이라고 흔히 생각하는데 정식 바둑판은 직사각형이고 길게 놓고 사용한다. 원근감 때문에 그렇다고 한다. 좋은 바둑돌은 검은돌이 더 크다. 명도 대비 때문이라고 한다.

이창호 9단의 모습은 tvN 드라마 '응답
하라 1988'에서 박보검이 배역을 맡았으
며 이창호 9단의 상하이 대첩으로 불리는
장면은 드라마에서 극적으로 연출되었다.

알파고를 유일하게 이긴 이세돌 9단도
유재석과 함께한 예능 프로그램에서 '바둑
의 신'이라고 극찬하였다.

바른 연필잡기를 위해 정말 많은 다양한 유명인들을 살펴봤다. 여유와 기품이 있
어 보인다. 대가의 풍모를 느낄 수 있다. 자연스럽기도 하다. 바른 연필잡기는 창의
성을 필요로 할 때는 더 필요하다. 때로는 빠르게 해야 할 필요가 있고, 오래 작업
해야 할 때 필요하기도 하다.

바른 연필잡기를 할 수 있으면 잘 먹고 잘 살기 유리하다. 잘 먹으면서 기품이
있으면 금상첨화인 것이며, 더 잘 먹을 수도 있다.

요즘 세계는 자율성을 강조하고, 창의력을 중요하게 생각한다. 자율성과 창의력을
편함이라는 착각으로 덮어 놓는 경우가 많다. 편한 것을 추구하는 것이 편한 것이
아니고, 정형화를 추구하는 것이 정형화 시키는 것이 아닌 경우가 많다.

바른 연필잡기는 기본이며 꼭 필요한 것이다.

四(Ⅳ). 바른 연필잡기에 적합한 용어 만들기

> 내가 그의 이름을 불러주기 전에는
> 그는 다만
> 하나의 몸짓에 지나지 않았다.
>   - 김춘수의 꽃 중에서 -
>
> 바른 연필잡기는 중요하다고 하지만
> 몸짓만 있을 뿐
> 교육하기에 적당한 용어가 없었다.
> 그래서 중요함에도 불구하고 많이 중요하게 생각하지 않았다.

'용어의 유무와 새로운 용어의 도입' 은 배움과 가르침이 있는 교육에 있어서, 학문에 있어서 굉장히 중요하다. 바른 연필잡기 지도 및 습득을 위해 기존에 있던 용어와 이해하기 쉬운 용어를 새롭게 도입했다. 사실 기존의 용어는 거의 없었다. 처음에는 생각나는 데로 용어를 나열하는 수준이었으나 좀 더 분류하여 체계화, 구조화, 구체화 되었다.

배움과 가르침에 있어서 어떤 위치, 동작, 현상, 대상을 지칭하는 용어의 유무는 배움과 가르침의 완성도에 많은 영향을 미친다. 배움과 가르침이 있는 중요한 영역이 되는 학문일수록 학문이 고도화 되면서 어떤 대상에 대한 명명 또는 정의를 체계화, 구조화, 구체화한다.

바른 연필잡기의 효과적인 설명을 위해서 의학의 영역을 참고했다. 바른 연필잡기를 위해 처음에는 단순하게 서양 의학에서 시작했는데, 동양의학까지 영역을 넓혀서 참고해야 바른 연필잡기의 설명을 완성할 수 있었다.

의학이라는 학문의 세계는 놀랍다. 분류를 체계적으로 일관적으로 했다. 의학의 범주는 서양의학과 동양의학으로 크게 나뉜다. 서양 의학은 눈, 코, 입, 치아 등으로 더 나누기도 한다. 바른 연필잡기를 위해서 손을 살펴보았다.

기존에 학교나 가정에서는 구체적인 용어가 없이 단순히 따라서 해보라고 한다. 이것은 몸짓이다. 명칭마저 없거나 일관성이 없다. 필자는 거의 완벽하게 해결했다.

서양 의학에서는 손의 구조를 해부학적으로 정말 자세하게 설명한다. 연필을 잡는 다면 손의 검지손가락의 **어떤 위치**에 놓아야 한다고 한다. 어떤 위치를 명명한다. 이렇게 어떤 위치를 명명하고 설명하면 많이 쉬워진다. 서양 의학의 해부학적 구조를 참고하면 바른 연필잡기를 위해서, 연필은 손의 어떤 위치인 **중수관절 어디**에 위치해야 한다. 서양 의학을 도입해서 중수관절이라는 용어를 찾아내면 설명하기가 한결 쉬워진다. 어떤 위치는 중수관절이라고 찾아냈지만, 다시 어디를 명명하기는 어렵다. 물론 정확한 명칭이 있다. 중수관절까지는 쉬우나, 더 세부적인 곳은 서양 의학으로도 설명이 어려워지며 전문적인 영역이 된다. 서양 의학은 뼈와 관절의 구조뿐만이 아니라 덧붙여서 근육의 움직임을 설명하기도 한다. 그래도 서양 의학에서 어디는 어렵게 설명된다. 마지막 지칭하는 것이 없다.

그 위치를 찾기 위해, 명명하기 위해 많은 고민은 했다. 그래도 지칭하는 것이 없어서 설명이 어려웠다.

손에 관한 해부학적 용어를 검색하던 중 연관 검색어가 나타났다. 그 연관 검색어들은 찾아보던 중 서양 의학에서의 **어디**를 동양 의학은 한방에 해결했다. 동양 의학에서는 그 어디의 위치를 **이간혈(二間穴)**이라고 부른다. 그리고 효과도 함께 설명한다. 위, 입냄새, 눈, 눈 다래끼, 면역력, 항암제 부작용 등에 좋다고 한다. 의학적 효과는 5장에서 자세히 설명한다.

현재 학교나 가정에서 이루어지고 있는 연필잡기 교육은 '연필잡기' 라는 큰 테두리 안에서 특별한 구분없이 김춘수 시인의 꽃에서 나오는 것처럼 '몸짓'이 연필잡기 교육으로 이루어진다. 이제는 이름을 불러줘야할 필요가 있다.

'이렇게 잡아요!', '다시 잘 보세요!' 등의 형태로 연필잡기 교육이 이루어지는 경우가 많다. 그래서 인지하는 과정없이 무작정 따라하면, 무작정 따라하는 **'따라하기의 오류 :** 방송에서 레크레이션을 하는 것을 보면, 시작의 표현이 사과였다면, 사람을 지날때마다 변해서 결국은 알 수 없는 것이 되는 것!'가 발생하며 연필잡기가 왜곡되기도 하고 간섭현상이 발생하기도 한다. 잘못된 점을 발견했어도, 막상 용어가 없으니 지칭하기도 어렵다. 피드백도 어렵다. 또한 이에 따라 설명하기도 어렵다.

앞 장에서 설명한 위인들로 지칭되는 사람들의 손모양을 따라하기만 해도 바른 연필잡기가 된다. 비슷한 모양을 따라하기만 하는 것도 좋지만, 단지 비슷하기만 하면 발생하는 오류, 왜곡 및 간섭 현상이 발생할 수 있다. 이러한 연필잡기 교육의 오류, 왜곡 및 간섭현상을 줄이기 위해 적절한 용어를 도입해서 명명하고 정의함으로써 연필잡기의 교육방법을 체계화, 구조화, 구체화 하였다.

바른 연필 잡기를 지도하기 쉽게하기 위해 기존에 있던 용어와 이제까지 없었던 지칭하는 용어들을 정리하였다. 지칭하는 용어가 없으니 지도하는 개념을 추상적으로 설명해야되는 경우가 많았다. 그래서 새로운 용어들이 많이 등장했다.

본문에는 바른 연필 잡기를 위해 만든 새로운 용어, 생소한 개념들이 많이 등장한다. 새롭고 생소한 용어를 자세하게 설명은 하였지만 사진과 같이 함께 설명하여도 복잡한 부분이 있다. 그래서 어떠한 용어들이 사용되었는지 알 수 있게 자세, 힘, 움직임, 흐름, 결, 연습방법, 연습종이 등의 영역으로 범주를 나누어 일목요연하게 정리하였다.

어떤 내용은 용어를 명명함으로써 그 자체로도 설명이 쉽게 되기도 하며, 명명이라는 과정을 통해 복잡하게 설명해야 하는 것도 체계적으로 설명할 수 있다.

다음에 나열되는 용어들은 처음의 명명 단계에 있어서 다듬거나 빼거나, 보충해야 할 필요가 있지만 고민한 내용들이라 적었다. 필요한 것은 설명도 추가했다. 현재는 용어를 모은 것이고, 구체적인 설명은 바른 연필잡기를 설명하면서 추가한다.

1. 자세의 영역

바른 연필잡기의 파란 삼각별

4시 방향

8시 방향

손의 닿는 면

손바닥의 닿는 면

손목의 각도

손가락 각도

삼지(엄지, 검지, 중지)

황금 위치

손가락 엘보 (새로운 용어) : 팔 관절에 비해 연해서 유격이 있다.

연필과 종이의 각도

손목과 종이의 각도

힘의 받침점

바른 자세의 확립

높이 잡았다.

길게 잡았다.

낮게 잡았다.

짧게 잡았다.

엄지 검지가 뾰족하다. : '높이 잡았다.'와 혼동 되어서 만들었다.

엄지가 뾰족하다.   뾰족하다 라는 용어 : 튀어 나왔다.

검지가 뾰족하다.

연필잡은 손은 수직이 아니다.

중수관절

이간혈,

삼간혈,

중충혈

백합혈

둔각 이등변 삼각형

새끼 손가락 관련 중심 잡기

맞섬 근육

지우개 사용 금지

2. 움직임의 영역

가속도, 원심력, 회전력, 작용, 반작용, 중력, 마찰력

이동, 움직임, 힘, 운동, 흐름, 결 관련

삼지 운동 : 엄지, 검지, 중지가 5mm 내외로 가볍게 움직이는 것

손의 운동 및 이동

직선 운동

손가락의 세로운동

손의 가로 회전 운동

손가락 까딱이기 연습(손의 운동을 도와주는 연습)

손가락 약간 당기기

손가락 약간 당기기 허용

손가락 당기기(나쁜 개념:손바닥 쪽으로)

가로 손가락 당기기(나쁜 개념)

세로 손가락 당기기(나쁜 개념)

가로선과 세로선의 연결동작 이해

손의 가로 회전 운동 후 손가락의 세로 운동

손가락의 세로 운동 후 손의 가로 회전 운동

미세한 손가락 운동

손의 평행이동

가로선 아래로 평행이동

세로선 옆으로 평행이동

미세한 손가락 운동

손과 종이의 닫는 면의 미세한 평행 이동

콤파스의 원리

무게 중심의 원리

연필 한칸씩 돌리기 : 연필을 바르게 잡기에 좋은 연습이다.

　　　　　　　　　어려우면 생략하고 만년필을 활용하면 된다.

손가락 돌리기는 중력에 의해 엄지손가락 밀기는 맞고, 당기기는 틀리다.

맞섬 근육, 손가락의 구조, 근육의 움직임, 관절의 특징

3. 연습의 영역

연습하는 선의 종류 (연습 종이)

선 연습

짧은 세로선 연습

짧은 가로선 연습

긴 세로선 연습

긴 가로선 연습

가로선 아래로 평행이동

세로선 옆으로 평행이동

미세한 손가락 운동

ㄴ 선긋기 연습하기 : 세로 가로 연속 연습

ㄱ 선긋기 연습하기 ; 가로 세로 연속 연습

사선 운동

사선 밀기 선긋기 연습 : ㅅ의 첫 획(ㅅ ㅈ ㅊ)

사선 당기기 선긋기 연습 : ㅅ의 둘째 획(ㅅ ㅈ ㅊ)

사선 당기기(점찍기) 짧은 선긋기 연습 : ㅊ ㅎ 의 첫 획

글씨체의 범주 : 명조체, 흘림체, 궁서체 등
    현대사회에 글씨 쓰기를 정의해야할 필요가 있음.

4. 연습방법의 영역

선연습 : 응용연습

반듯한 글자 연습

반듯한 글자 말놀이

한자 쓰기 연습

숫자 쓰기

<u>지우개 사용 금지 : 매우 중요하다.</u>

공책 사용 금지 : 수학 문제 풀이

3분법틀

2분법틀

모눈법틀

5. 연습 종이의 영역

위에 언급된 영역들을 쉽게 할 수 있는 연습 종이.

7개 영역 : 약 50장으로 구성

이번 장에서 언급된 용어들은 다음 장부터 바른 연필잡기를 설명하면서 등장한다. 때로는 사진과 함께 설명하니 이해에 많은 도움이 될 것이다.

五(V). 효과적인 도구의 선택

'명인은 도구를 탓하지 않는다!'라는 말이 세간에 알려져 있다. 이 말은 어느 정도 학습 및 숙달이 이루어져서 어느 정도 경지에 이른 사람들에게 해당하는 말이라고 생각한다. 명인이 되기까지 좋은 도구 또는 합리적인 도구 또는 목표를 이루기 위한 적합한 도구를 선택하면 최소한 준명인에는 쉽게 도달할 수 있다. 바른 연필잡기에 적정한 도구를 선택하면 **다른 과목에 비하여 시간이 없어서 바른 연필잡기를 경시하는, 바른 연필잡기를 지도하고 습득하는 어려움 때문에 빨리 포기하는 지금의 현실에서는** 바른 연필잡기에 투입되는 시간과 노력을 단축할 수 있다.

시간과 노력을 단축한다는 것은 공정의 단순화로 생각할 수 있다. '공정의 단순화'라는 것이 너무 상업적인 용어로 보여서 거부감이 들 수도 있다. 공정의 단순화 자체로 시간과 노력의 투입을 줄이고 생산성은 향상된다고 볼 수 있다. 최소의 비용으로 최대의 효과를 낸다는 경제학적 관점을 교육에 적용한다는 것이 세속되어 보여서 그렇지만, 최소한 바른 연필잡기(여기서는 기본을 중시하는 장인의 의미를 많이 포함함)를 통해서 최대한의 교육적 효과를 얻는다는 것은 그렇게 나쁜 일이 아닐 듯 하다.

공정의 단순화는 편안함의 추가된다고 볼 수 있다. 이것은 보이지 않는 복지의 증가이다.

공정의 단순화는 복잡함의 제거이다. 이것은 복잡함에서 오는 스트레스를 감소시킨다는 의미이다.

시간과 노력의 단축 이라는 것은 또 다른 의미로 잉여 시간과 잉여 에너지가 있다는 것이고, 다른 것에 투자 할 수 있는 가능성을 넓히는 것이다. 다른 한편으로는 어떤 성과를 이루기 위해 최소한의 휴식 시간을 가질 수도 있도, 스트레스나 피로에 지친 본인을 위한 여가 시간을 가질 수도 있다. 여가 시간마저도 투자이다.

도끼를 사용해 나무를 베는데 쉬지 않고 도끼질을 하는 것과, 쉬면서 도끼 날을 갈고 나무를 베는 것(쉬면서 다음 것을 생각하는 것이나 준비하는 것)의 결과는 자명한 일이다. 요즘은 전기톱을 사용한다고 주장하면, 기름칠할 시간과 장비 손보는 시간이 꼭 필요하다고 말하고 싶다.

시간과 노력의 단축을 통해 얻는 이익은 <u>때로는 장시간 투자로 인해 발생하는 스트레스나 피로가 사전에 차단되는 것</u>일 수도 있다. 임계점(역치값)이라는 것이 있다. 물이 가능차고 있어도 넘치는 것은 최후의 한 방울이기 때문이라는 의미다. 이 때 물 한방울이 더해저 임계점을 통과하면, 물이 넘친다. 넘치는 물의 양은 마지막

한방울 이상의 물의 양이 된다. 풍선의 경우는 더 심하다. 풍선을 불어도 어느 정도 까지는 터지지 않는다. 그러나 그 한계를 넘겨서 터지도록 불어버리면, 그 풍선은 풍선의 용도를 다하는 슬픔이 있다. 이렇게 필요없는 노력을 사전에 차단하는 것은, 의미없는 손실을 미래에 발생시키지않는, 사전에 차단하는 좋은 효과를 가진다.

바른 연필잡기는 무엇인가를 이루기 위한 과정에서 필요하다. 바른 연필잡기를 할 수 있다는 것은, 바른 연필잡기를 못했을 때 해야하는, 하지 않아도 되는 절대적인 노력과 이때 발생하는 불필요한 노력을 하기 위한 시간과 노력의 피해를 미연에 차단할 수 있다. 그리고 남는 시간과 노력을 성공을 위한 촉매로 사용할 수 있다.

이것은 순풍에 돛 단 듯, 번데기가 나비가 되듯, 하여튼 긍정적 관점이다. 물을 끓이는데 99도 까지는 끓지 않지만, 1도가 높아져 100도가 되면 끓는 것과 비슷하다. 바른 연필잡기를 통해서 시간과 노력을 단축하는 것이 물을 끓일 때 더해주는 마지막 1도처럼 임계점을 넘겨주는 최후의 수단일지도 모른다. 실제로는 바른 연필잡기는 선순환의 상승효과를 가져다 주는 촉매제 역할을 하기 때문에 시간, 노력 등에서 그 이상의 효과를 발생한다.

더 큰 장점은 빠른 바른 연필잡기의 성취로 다른 영역으로의 파급 효과가 기하급수적으로 커질 수 있다는 것이다. 시간, 노력, 잉여 에너지, 스트레스 해소 등으로 선순환 구조가 확대되고 선순환의 규모가 커지는 것이다.

모든 것은 시기가 있다고 한다. 적정한 시기에 이룩한 것이 가장 효용이 크기 때문이다. 늦었음에도 불구하고 노력하는 것이 나쁘다는 것이 아니다. 어차피 해야할 것이면 가장 효율적인때 하는 것이 좋다. 모내기 하는 모습이 아름답다고 남들이 추수하는 시기이며, 추운 겨울이 다가오는 가을에 모내기를 한다는 것은 한심함의 표상이다. 공부도 때가 있다. 공부하는 모습이 아름답다고, 공부의 실제적인 효용이 끝나는 환갑이 넘어서 입시 공부를 한다는 것은 끊임없이 공부하는 모습에서 의미를 찾을 수는 있겠지만, 필요한 적절한 시기에 했으면 얼마나 좋았을까 하는 아쉬움이 남기 때문이다.

다년간의 연구와 고민 끝에 바른 연필잡기를 가장 빠르고 편하고 쉽게 해주는 도구가 만년필이라는 결론을 얻었다. 바른 연필잡기가 자연스럽게 잘 만들어지는 도구를 선택하면, 바람직한 출발선에 선 것이라 생각할 수 있으며, 목표에 도달하기까지의 커다란 어려움들이 사전에 차단되는 효과를 가지고 있다.

만년필을 선택하기까지 우리가 주변에서 볼 수 있는 필기도구들의 특성을 알아보았다. 처음의 고민은 필기도구의 장단점을 구분하여 정리하려고 하였으나, 필기도구의 특성상 장점과 단점이 공존하는 경우가 많이 발생하여, 특징을 살펴보면서 필요에 따라서 장단점의 이유를 표시하였다.

1. 연필의 특성

- 전통적으로 글씨 쓰기 입문자들인 학생들에게서부터 전문적인 일을 하는 사람들까지 전 세대와 전 직업군에게 아루르는 필기도구로 대중성이 있다.
- 쉽게 구할 수 있다.
- 가격이 저렴하다.
- 잘 부러진다.(무리하게 힘을 주어서 쓰면 곤란하기 때문이다.)
- 편마모가 발생한다.(연필을 돌려가면서 사용해야 하는 데 바른 연필잡기를 하면 쉽게 돌릴 수 있다.)
- 종이 위에서 사각거리는 연필 특유의 소리가 있다.
- 연필깎기가 아닌 손으로 깎았을 때 깎는 재미가 있다.
- 연필이 닳은 것만 봐도 연필잡기 상태를 알 수 있다.
- 부러지고 조각을 잃어버리면 뜻하지 않는 곳을 오염시킨다.
- 연필심의 두께로 인하여 나오는 선의 두께가 두꺼운 경향이 있다.
- 색이 옅은 경우가 있다.
- 흑연이 손에 묻는다.
- 종이에 이염되는 경우가 있음.
- 방향에 상관없이 쓰는 것이 가능하다.(바른 연필잡기를 하지 않아도 쉽게 쓸 수 있다.)
- 지울 수 있다.(장점이며 단점 : 지울 때 손과 손가락에 힘이 많이 가고, 지우개를 잡는 동안 잘 만들어 놨던 연필잡기 자세가 틀어진다.)
- 보통 사용하는 연필은 잡았을 때 약간 얇아서 손에 확 들어오는 느낌이 약하다. 조금은 두꺼워야 한다.
- 소리와 함께 써지는 느낌이 있어서 좋다.
- 아날로그 감성을 자극한다.
- 향수가 묻어난다.
- 연필은 돌려야 하는 경우가 있어서 바른 연필잡기 교육에 좋기도 하다. (어느

정도 익숙해 지면)
- 삼각형 연필은 잡기가 수월하다. 얇은 경향이 있다.
- 줄어든다.

2. 샤프의 특성

- 대중적으로 사용한다..
- 저렴하게 구입할 수 있다.
- 가격, 디자인 등 다양하게 고를 수 있다.
- 선의 두께를 고를 수 있다.
- 일정한 두께가 쉽게 만들어진다.
- 연필과 같이 쓰는 방향이 다양하다.
- 연필에서 나타나는 편마모 현상을 방지할 수 있다.
- 심이 얇아서 잘 부러진다.
- 부러진 심은 주변을 오염시킨다.
- 두꺼운 심은 편마모가 발생한다.
- 손에 잘 묻는다.
- 이염이 발생한다.
- 샤프는 편마모의 장점을 극복할 수 있다.
- 그래도 편마모가 발생한다.
- 기계적인 구조이기 때문에 망가지는 경우가 발생한다.
- 날카롭고, 샤프 몸통의 두께가 가는 경향이 있다.
- 샤프는 어린이용 샤프를 사용하기를 권장한다.(어린이용 샤프는 샤프 몸통의 두께가 어린이가 잡기 좋게 되어 있음. 샤프심의 두께가 적당하게 두꺼움. 샤프심이 두꺼우면 편마모가 발생함.)

3. 볼펜의 특성

 - 연필과 같이 대중성이 있다.
 - 가격이 다양하다.
 - 쉽게 구할 수 있으며, 다양하다.
 - 잘 부러지지 않는다.
 - 펜 끝에 볼이 들어가 있어서 방향에 구애받지 않고 잘 써진다.
 - 이것이 단점이 된다. 바른 연필잡기를 하지 않아도 쉽게 쓸 수 있다.
 - 다양한 종류의 잉크를 사용하며 연필보다 쉽게 진하게 써진다.
 - 지우기 어렵다.
 - 지우기 어렵다는 것은 지우개를 사용하는 과정에서 틀어지는 바른 연필잡기의 손모양을 사전에 차단하여 바른 연필잡기의 손모양을 유지할 수 있어서 장점이 되기도 한다.

 ● 볼펜의 사용 : 볼펜이 잘 굴러가서 글씨연습에 나쁘다는 사람도 있다. 이것을 바꾸어 생각하면 잘 굴러가서 손에 무리한 힘이 가해지지 않아 바른 연필 잡기의 도구로 좋을 수 도 있다. 그래서 나름 좋은 도구이다.(학생들이 연필을 너무 꽉 잡고 눌러서 잡는 경향이 있기 때문에 볼펜이 오히려 긍적적인 효과를 가져올 수도 있음.) 그러나 여기서는 바른 연필잡기를 방해하는 단점이 더 크기 때문에 제외한다.

4. 싸인펜의 특성

 - 대중성이 있다.
 - 쉽게 구하며 다양하다.
 - 잉크의 흐름을 이용하여 쉽게 잘 써진다.
 - 방향에 구애받지 않고 바른 연필잡기를 하지 않아도 써진다.
 - 끝이 뭉게지는 경우가 쉽게 발생한다.
 - 볼펜보다 쉽게 잘 묻는다.
 - 지우기 어렵다.
 - 지우기 어렵다는 것은 바른 연필잡기의 손모양을 유지할 수 있어서 장점이 되기도 한다.
 - 힘이 덜 들어간다.

5. 펜의 특성

  - 연필, 볼펜, 싸인펜에 비해 대중성이 부족하다.
  - 촉의 종류에 다양하다.
  - 가격대가 다양하다.
  - 촉의 모양에 따라 다양한 표현이 가능하다.
  - 도구가 펜대와 펜촉으로 분리되어 있어서 연필, 볼펜, 펜에 비해 복잡하다.
  - 보통의 펜대가 얇은 경향이 있다.
  - 지우기 어렵다.
  - 지우기 어렵다는 것은 바른 연필잡기의 손모양을 유지할 수 있어서 장점이 되기도 한다.
  - 잉크를 흘리기 쉽다.
  - 잉크를 자주 찍어야 한다.
  - 보통 사용하는 펜촉은 날까롭기 때문에 종이와 펜촉의 결이 다르면 찢어진다.
  - 이것은 장점이기도 하다. 바른 연필잡기를 유도한다.
  - 연필잡기를 쉽게 도와주는 펜촉이 있다.
  - 두께가 두껍거나, 각이 만들어지는 펜촉이 있다.
  - 특수 펜촉은 가격이 높은편이다.
  - 써지는 소리가 예쁘다.
  - 써지는 느낌이 있다.
  - 연필과 함께 감성을 자극한다.
  - 초보자에게 사용하기 어렵다. 그러나 금방 익숙해진다.
  - 잘못 잡거나, 무리한 힘을 가하면 펜촉이 망가진다.
  - 펜은 바른 연필잡기를 위해 좋은 도구이나, 사용하면서 자주 잉크를 찍어야 해서 바른 연필잡기가 흐트러진다.

6. 만년필 : 바른 연필잡기를 위한 궁극의 도구이다. 다만 만년필의 뚜껑을 꼽지 않고 사용하면 좋다. 뚜껑을 꼽으면 무게 중심이 높아져서 불편하다.

  - 단순하지만 펜의 장점을 거의 가지고 있다.
  - 펜에 비해 다양한 펜촉이 없다.(뚜껑의 문제가 발생함.)
  - 고가인 단점이 있다.

● 만년필의 사용 : 연필은 힘이 많이 들어가고, 볼펜은 너무 잘 굴러가는 단점이 있다. 이것을 적정하게 보정해주는 것이 만년필이다. 만년필로 글씨를 쓴다는 것은 물의 표면장력과 모세관 현상을 이용해서 종이 위에 잉크를 뿌린다는 표현을 해야할 것 같다. 생각하는 것보다 종이와의 마찰이 적다는 것이다. 만년필은 금속의 탄성을 과학적으로 응용하여 만들어서, 바르게 잡지 않으면 종이의 결 사이를 찢거나, 역행하여 잘 써지지 않는다. 그래서 좋은 만년필을 사용하면 '버터 위에 글씨를 쓰는 느낌이다!'라는 표현을 한다.

만년필은 액체의 특성과 금속의 특성을 잘 결합하여 바른 연필잡기를 할 수 있도록 잘 도와 주는 도구이다.

만년필은 중요한 서류에 서명을 할 때 사용되는 모습으로 TV 등에 비춰져서, 품위와 권위와 기품이 있어 보이기도 한다. 만년필은 아름다움을 가지고 있어서 심미적 가치도 있다.

만년필은 종류도 다양하고, 가격도 비싸고, 사용도 어렵다고 알려져 있다. 조금만 인터넷을 활용하여 검색해 보면 생각보다 저렴한 2,000원 정도의 가격대에서부터 시작하여 학생들이 입문하기에 적당한 만년필도 많이 있다. 어린이용 만년필도 있고, 적정한 그립감을 유지시켜주는 만년필도 있다. 어린이용 만년필이나, 그립감을 유지시켜주는 만년필을 사용하면, 바른 연필잡기 자세로 쉽게 갈 수 있다.

바른 연필잡기를 쉽게하기 위해 만년필을 도구로 선택하여 도구의 혼용에서 오는 오류를 차단하여 학생들의 바른 연필잡기를 지도했다. 만년필을 도구로 선택한 이유는, 전통적으로 연필을 많이 사용하나, 연필은 힘이 들어가며, 눌러 잡기 때문에 힘이 들어가 손모양이 틀어지고, 방향에 많이 구애받지 않고, 지우개를 사용하는 과정이 생겨서 지우개를 사용하면서 바른 연필잡기 모양에서 틀어지기 때문이다.

만년필로 도구를 정형화 하면서 덧붙여,
책상, 의자, 조명을 어느 정도 정형화할 필요가 발생하였다.

책상은 무난하게 선택하면 된다. 성장기 어린이에게는 높이 조절이 되면 좋겠다. 발을 쭉 펼 수 있으면 좋다. 책상 위의 색감이 정서적으로 도움이 되면 좋다. 책상 밑에 서랍은 고민해야할 필요가 있다. 너무 상하로 크면 앉는 자세에 영향을 미친다.

의자는 바퀴가 없으면 좋다. (바퀴의 선택이 고민되는데, 바퀴는 없으면 좋다고 하나, 특별히 제한을 두지 않겠다.) 의자가 회전하지 않으면 좋겠다. 약간의 흐트러짐이 큰 오류를 만들기도 하기 때문이다. 팔걸이는 없거나, 낮아야 한다. 손의 자유로운 흐름을 막기 때문에 자세가 틀어진다.

조명이 10시~11시 방향에서 비춰지도록 스텐드를 설치하면 좋다. 조명은 눈에 최대한 편안하게 선택하면 된다. 백열등을 추천한다. 전기료 문제, 전구의 수명 등 경제적 관점으로 형광등이나 LED조명을 사용하는 경우가 있다. 나빠진 시력으로 인해 안경 하나만 구입하여 사용하여도, 조명에서 평생 절약할 돈을 다 써도 부족하다. 안경을 사용하는 경우 나타나는 악순환은 스포츠, 놀이, 공부 등 정말 많은 영역에서 악순환을 만들며 악영향을 끼친다. 좋은 조명이 그렇게 큰 돈 드는 것 아니다. 눈의 건강을 비롯하여 건강이 최고다. 건강 뿐만이 아니라 미세하게 집중력, 눈에 피로도에 영향을 미칠수도 있다(이 부분은 그냥 생각이다.). '미세하게'라고 표현하니 쉽게 간과할 수 있으나, 동일 집단의 경쟁에서는 미세하게 나는 차이가 전부가 될 수도 있다.

끝으로 도구의 정형화를 요약하면 다음과 같은 사항을 고려해야 한다.

- 도구의 정형화 : 글씨 쓰기에 적합한 도구(만년필), 책상, 의자, 조명
- 만년필 추천 : 고급형 만년필을 가기 전에('가기 전에'라로 표현하는 것은 만년필을 사용하다 보면 탐심이 생기기 때문이다. 그래서 '사용하는'이라는 표현보다 '가기 전에' 라는 표현을 사용했다.)

라미 사파리 EF촉 추천(정말 과학적인 독일의 제품)

진하오 샤크 F촉만 있음.

펠리칸 삼각 EF촉 추천

그리고, 몽블랑(여기에서는 **고급형 만년필을 지칭**)을 부담 없이 사용할 수 있는 사회적, 경제적 지위를 가진 사람이 되면 좋겠다.

六(Ⅵ). 만년필을 잡은 바른 연필잡기의 손모양 관찰
(검지 위에서, 중지 위에서, 책상과 평행하게, 책상 위에서)
: 다음 장〈七(Ⅶ) : 손의 구조〉와 관련있다.

바른 연필잡기를 위한 다양한 도구의 특징을 살펴봤다. 그리고 가장 적합한 도구로 만년필을 선택했다. 만년필이라는 도구는 바른 연필잡기 교육에 좋지만 도구의 바른 운용법을 알아야 잘 사용할 수 있다. 만년필의 기계적 특성, 물리적인 특성, 사용법은 제품에 따라 다르므로 생략하고, 만년필을 사용함에 있어서 나타나는 흐름과 결을 느끼면서, 바르게 잡는 것을 목표로 **5가지 관점**으로 한정한다.

바른 연필잡기의 5가지 관점

- 엄지손가락 관련
- 검지손가락 위에서 본 모양(연필을 잡고 있을 때 검지 위에서 본 모양),
- 중지손가락 위에서 본 모양(연필을 잡고 있을 때 중지 위에서 본 모양),
- 연필을 세웠을 때 종이 지면 위 바른 연필의 각도(책상의 높이에서 본 모양),
- 바른 연필의 각도(종이를 책상과 평행하게 놓고 위에서 보는 연필의 방향)

이번 장은 바른 연필잡기를 위해서 필요한 정확한 위치를 지칭 또는 설명하기 위해 동양 의학의 혈자리를 참고하였다. 용어의 정리 부분도 다시 참고해야한다. 혈자리의 건강학적 의미는 다음 장 바른 연필잡기와 의학(동양 의학부분)과 관련된 부분을 살펴보기 바란다. 스트레스와 환경 오염으로 병든 현대인들에게 그냥 자극만 해줘도 좋은 자리들이다. 다음 장인 七(Ⅶ)장에 위치 기능 등을 자세히 설명하였다.

1. 엄지 손가락의 모양

엄지 손가락은 검지 손가락, 중지 손가락과 함께 정사각형과 비슷한 원을 만들어야 한다. 다시 언급하겠지만 검지 손가락의 중수관절은 약 135도 정도 되어야한다. 거의 절대값이다. 중지 손가락의 중수관절은 약 120도 정도 되어야 한다. 약지와 소지는 약 120도 보다 약간 여유가 있다.

이렇게 되어야만 <u>삼지(엄지, 검지, 중지)가 편안하게 5mm 정도 움직이면서 글씨를 쓸 수 있다.</u>

엄지 손가락과 검지 손가락은 중지 손가락보다 종이 쪽으로 나아가면 곤란하다. 손가락의 길이와 구조를 고려하면 중충혈 위치에서 중지손가락 위에 위치해야한다.

엄지 손가락의 진행 방향과 힘의 전달 방향은 중지 손가락과 45도 정도의 각(135도 정도)을 이루며, 중충혈 밑 손톱 옆으로 가야한다. 계속 되는 엄지 손각락의 힘은 엄지손가락의 관절과 맞섬 근육의 특성상 중지 손가락과 평행이 되려고 하는 성질이 있다. 이것을 검지 손가락이 막아줘야 한다. 엄지 손가락에서 중지 손가락으로 2/5 정도. 검지 손가락으로 3/5 정도의 자세가 되어야 한다. (처음에는 '힘을 주면 적당하다.'라는 표현을 사용했는데 무리하게 힘들 주는 경향이 있어서 자세로 용어를 변경했다.)

엄지 손가락은 검지 손가락과 중지 손가락의 관계에서 엄지 손가락 관절이 120도에서 110도 정도 사이에서 유격을 가지고 연필잡기를 하고 글씨를 써야한다.

120도보다 커지면 부채꼴의 특성에 의해서 검지 손가락이 너무 벌어져 지탱하기 힘들어 진다. 이때 중지 손가락은 별로 문제가 되지 않아서 그냥 간과하는 경우가 있다.

110도보다 작아지면 검지 손가락이 말려서 지탱하기가 어려워진다.

약 10도사이에서 움직여야하니 어려워보이지만 익숙해지면 편안함이 된다.

이것의 원리를 밝히고 수치화 하지 않아서 지도하기가 어려웠다. 필자가 연구와 관찰과 실습을 통해서 원리를 밝히고 수치화 한 것이다.

이렇게 엄지 손가락의 위치는 중요하며 잘 조절해야 한다. 엄지 손가락의 위치는 주먹을 쥘 때도 중요하다. 적정한 엄지의 위치와 각도는 주먹의 힘을 나머지 손가락과의 엄지와의 각도의 관계에서 자연스럽게 최대치로 끌어 낼 수 있다.

2020년 코로나19로 '<u>분노 사회</u>'라는 말이 등장 했다. 같은 해 5월 26일 서울역에서 묻지마 폭행이 발생했다. 피해 여성은 광대뼈가 함몰되는 중상을 입었다. 위급한 상황에서 평소의 좋은 습관으로 엄지 손가락의 위치가 정위치인 주먹은 혹시라도 길을 가다가 발생하는 묻지마 폭력에서 무의식 또는 반자동적으로 자신을 구하는 실낱같은 작은 희망이 될 수 있다.

연필을 잘 못 잡는 형태 중 엄지 손가락의 위치가 잘못되는 경우가 너무 많다. 엄지 손가락의 위치가 잘 못 되는 현상은 엄지 손가락 근육의 방향성이 흐트러져 바른 주먹이 잘 되지 않는다. 결국 엄지 손가락이 잘못되면 공격 뿐만이 아니라 방어도 제대로 할 수 없다. 또한 바른 연필잡기를 하지 못한다. 그리고 바른 연필잡기의 선순환 상승효과를 얻을 수 없다.

이렇게 주먹과 바른 연필잡기를 연관시킨 이유는, 바른 연필잡기는 바른 주먹에서 힘을 빼고 자연스럽게 펴는 과정에서 나오기 때문이다.

2. 검지손가락 위에서 본 모양 : 검지 위에서 본 연필의 5가지 위치

바른 형태 1개와 애매한 바른 형태 2개, 나쁜 형태 2개를 예시하였다.

'연필은 엄지, 검지, 중지를 이용해서 잡는다.:삼지법'라는 학설이 가장 과학적이며, 손의 모양) 글의 진행 방향 등을 봤을 때 합리적이다.(뒤에 나오는 손과 손가락의 구조에 대해서도 설명한다.) '엄지와 검지를 이용해서 잡는다.'라고 하는 경우도 있는데 이것은 손의 구조와 힘의 분배, 잡는 방법 등을 고려하지 않아 나쁜 연필잡기라고 볼 수 있다. 아예 논외로 한다. 엄지와 검지를 이용하면 바른 연필잡기에 세계에서는 여러 가지 나쁜 길로 가는 지금길이며, 무리한 엄지 뻗기, 등의 부작용이 발생할 수 있다.

엄지, 검지, 중지를 이용해서 잡는다는 것을 기준으로 손가락에서 연필의 위치를 나눈다. 위에서 보기 때문에 엄지와 검지만을 사용하는 것 같다. 이러한 이유로 2개를 사용한다고 하는 것 같다. 우선 위에서 봤기 때문에, 엄지와 검지 사이의 연필의 위치를 5개 정도로 나눌 수 있다. 잡는 사람에 따라 약간의 오차는 있지만 정확한 것은 첫 번째이며, 2개는 애매하게 바르며, 2개는 수정을 해서 바른 연필잡기를 만들어야 한다.
기본 조건은 검지 손가락의 중수관절 각도는 약 135도 정도를 유지해야 한다.

이제 바른 연필의 위치와 그렇지 않은 연필의 위치를 뒤에 나오는 여러 가지 모양을 살펴보면서 비교한다.

가. 바른 형태 : **이간혈** 위치

이간혈(한의학에서 찾음)이라는 명명은 바른 연필잡기를 위한 최초이며 획기적이며 과학적이며 확실히 쉬운 접근법이다. 이간혈이라는 용어를 찾은 것은 10여 년동안 바른 연필잡기에 관심을 두고 있었기 때문이다.

이간혈이라고 명명하는 순간 다른 바르지 않은 연필잡기의 이론들을 합리적이고 과학적인 방식으로 이유를 설명하여 부정할 수 있게 되었다.

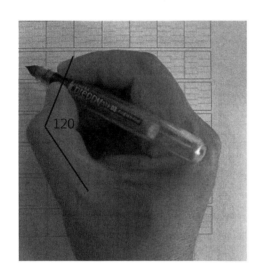

옆에 사진에서 보는 것처럼, 엄지 손가락은 굽어져 있어야 하며, 연필은 이간혈을 지나야 한다. 연필은 자연스럽게 4시 방향이 된다. 약간 아래 손목 쪽은 중수관절, 더 아래쪽은 삼간혈이다.

앞에 예시된 위인들의 연필이 지나는 곳은 거의 이간혈이다. 한자와 병기하며 다른 이름으로는 이간혈(간곡혈, 형수혈), 二間穴(間谷穴, 滎水穴)로 불린다.

이간혈에 연필이 위치하고 세로획을 긋는 연습을 하면 편안하고 자연스러움을 알수 있다.

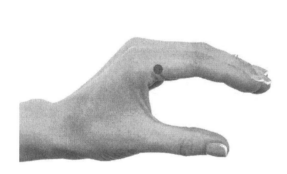
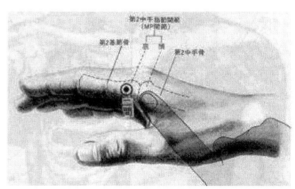

나. 애매한 바른 형태 1 : 중수관절 위, 이간혈삼간혈 관절, 이간혈삼간혈 돌기, 검지 손가락 끝 지점

나쁘지는 않지만 잘 잡으면 바른 형태인 첫 번째 기본 바른 형태 이간혈로 회귀하려고 한다. 다행이다. 아니면 애매한 바른 형태 2(삼간혈)가 되거나 애매한 바른 형태 2(삼간혈)를 지나서 나쁜 형태 2(합곡혈)로 된다. 중수관절 위에 위치한다는 것은 중력의 영향으로 삼간혈(애매한 바른 형태 2) 쪽으로 많이 이동된다. 결국 합곡혈(나쁜 형태 2)까지 가는 경우도 발생한다. 합곡혈까지 가면 대부분 검지 손가락이 꺾이며, 이로인해서 역학적으로 다른 신체 부위에 영향을 미쳐서 자세를 나쁘게 만든다.
애매한 바른 형태 1은 이론적으로 위치를 설명이 쉬어서 많이 교육에 이용된다. 그러나 애매한 위치이기 때문에, 이 위치를 주장하는 사람들에게 설명을 하면 쉽게 옳은 모양 기본 바른 형태의 연필잡기로 설득 된다.

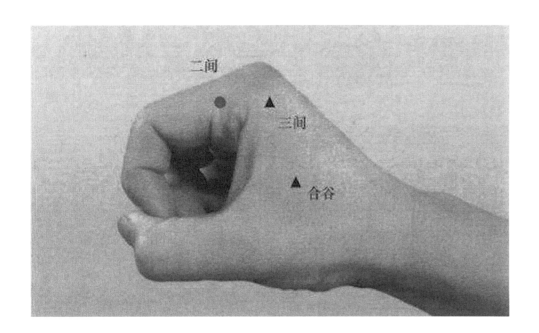

사진으로 봐도 알 수 있지만, 뾰족한 형태라서 흘러내리는 경향이 있다. 중력의 영향을 받아서, 보통은 꼭지점 아래에 있는 삼간혈 쪽으로 회귀한다.
다행히 위쪽으로 이간혈 쪽이면, 바른 연필잡기, 아래쪽으로 삼간혈 쪽이면, 약간 애매한 바른 연필잡기가 된다. 더 흘러 내려서 합곡혈 쪽으로 이동하면 나쁜 연필잡기가 된다.
이간삼간돌기형(이간혈삼간혈관절형:꼭지점형)은 변화무쌍하다.

다. 애매한 바른 형태 2 : 삼간혈 위치

중수관절의 꼭지점 아래에 위치한다. 바른 연필잡기와 혼동되는 형태이다. 나쁘지는 않지만, 흘러내려서 나쁜 자세로 회귀 하려한다. 중력의 영향이 크다. 연필을 보면 간단하지만, 손이라는 작은 곳에서 연필의 끝은 지렛대의 역할과 같이 크게 힘이 작용한다.

삼간혈에 연필을 위치하고 연필을 잡으면 엄지와 검지와 연필이 이루는 모양이 원을 거의 반원으로 나눠서 보기 좋아서 선택되는 경우도 있다. 이론적으로 설명하기가 쉽고, 반원의 느낌이라서 깔끔하다. 반원의 형태보다는 손의 구조를 살펴보면, 엄지와 검지의 두께, 길이, 힘, 위치의 차이에 의해서 반원으로 나누는 것보다는 약간 검지쪽이 작은 원이 되는 기본형태가 좋다.(이간혈, 삼간혈, 합곡혈이 같은 맥에 있다.)

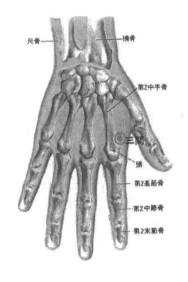 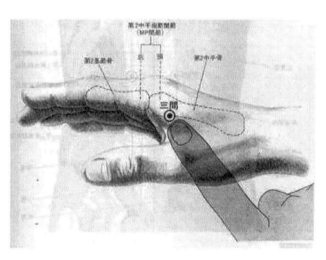

그런데 이 모양이 사용되는 경우도 있다. 불안정한 받침대에서, 필기구를 고정하면서 사용해야하는 경우이다. 이렇게 되는 경우는 손가락의 구조상 연필이 많이 눕게 된다. 그러면 손의 바닥부분과 지면의 접촉면이 많아져서 안정감이 생긴다. 연필을 길게 잡는 경우도 사용된다.

라. 나쁜 형태 1 : 이간혈 보다 앞쪽으로 위치하여 검지 손가락 평행형

검지 손가락과 연필이 손가락의 구조의 역학적 위치 때문에 평행할 수는 없다.

그러나, 거의 평행하기 때문에 평행이라고 지칭했다.

엄지 손가락이 관절이 곧게 뻗어 있거나, 역행하면, 이로 인해서 자연스럽게 획을 그을 수 없다. 엄지 손가락과 연필은 90도가 되고, 연필의 옆과 수직이 되는 모양이 된다. 연필이 수직이 되어서 밑의 글자가 잘 보이지 않거나, 글자가 잘 보이게 손모양을 만들면 펜이 3시 방향에서 2시 방향쪽으로 움직여 글씨를 쓸 때 펜이 역행하는 경우가 많아진다.

마. 나쁜 형태 2 : 합곡혈 위치

손가락 깊은 골 : 혼동되는 형태, 이론적으로 설명하기 쉬워서 많이 설명됨

손가락의 길이, 엄지 손가락의 위치 길이 등 에 문제가 많이 생긴다. 특히 나쁜 형태 1에서 엄지가 역행하는 것과 같이 반대로 검지가 역행한다.

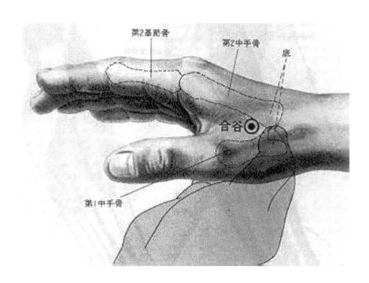

검지 손가락 위에서 연필의 바른 위치는 이간혈 위에 연필을 놓은 바른 형태를 따라서 하면된다. 설명을 추가하는 것은 이론적 바탕이 되는 실제가 되어야 왜곡, 간섭현상이 일어나지 않기 때문이다. 그래서 계속 설명하는 것이다. 더 중요한 것은 필요성의 이해이다. 필요성을 절실하게 느끼고 필요를 갈망하는 단계에 가기전에 이해하고 실천하면 좋겠다.

이간혈에서 삼간혈까지 연필의 위치가 가능은 하다. 특징이 있다. 삼간혈로 갈수록 연필이 눕는 현상이 발생한다. 연필이 삼간혈으로 가면서, 연필만 눕히면 검지

손가락이 꺾인다. 그래서 연필이 삼간혈 쪽으로 갈수록 엄지손가락은 이간혈 쪽으로 움직이면 편안하게 연필잡기를 할 수 있다.

연필의 위치기 이간혈이 기본형이면 삼간혈까지 이동하면서 잡는 것은 약간의 변형이라고 할 수 있다. 대신 몸이 편하게 긴강감이 없어지는 자세가 된다.

3. 중지 손가락 위에서 본 모양(연필을 잡고 있을 때 중지 위에서 본 모양)

중충혈(中衝穴)이 좋은 것 같다. 중충혈보다 손끝 쪽이면 놓치기 쉽고, 손바닥쪽이면 둔하고 흩뜨러진다. 중충혈 부근의 뼈마디 바로 아래에 연필을 걸치면 흔들리지 않고 편하다.

마지막 손마디에 위치하는 것이 좋다는 경우도 있는데, 이는 검지 손가락의 바른 연필잡기 모양을 흩뜨러지게 한다.

중충혈 역시 바른 연필잡기 교육에 처음으로 도입된 개념이다. 이간혈을 찾고 나서는 쉽게 찾았지만 바른 연필잡기를 위해 지칭할 수 있다는 것은 대단한 발전이다.

중충혈이 있는 중지와 연필의 각도는 45도 정도면 된다.

중지와 연필의 각도가 직각을 이루라고 하는 사람들도 있는데 설명하기 편할 뿐이지, 손가락이 모이기 때문에 잡는 과정에서 역학적으로 안정된 힘이 분산된다. 손가락의 구조와 역학적 원리, 연필과의 관계 손가락의 관계, 삼지(엄지, 검지, 중지)의 5mm 내외의 움직임을 고려하지 않았다.

45도 정도 되면 접촉면적이 넓어져서 안정감이 생긴다. 엄지와 검지는 지문을 사용하지만 중지는 지문보다는 손의 옆 피부를 사용하기 때문이다.

45도 보다 작아지면 삼지가 뾰족해지며 힘이 약해진다. 가벼운 쓰기에는 적합할지 모르지만, 적당한 글씨를 쓰기에는 45도 보다 작아지면 곤란하다.

45도 보다 커지면 중지 손가락이 너무 구부러진다는 결론이 된다. 중지 손가락과 손바닥이 가까워지면서 삼지의 유격이 사라지고, 뭉툭해지며 글씨쓰기가 불편해진다.

앞에서도 언급했지만 삼지(엄지, 검지, 중지)의 관계에서 엄지와 검지는 중지에 있는 중충혈위에 위치하며, 연필을 잡은 중지 손가락을 봤을 때 중지 손가락 손톱 측면(옆부분)이 보여야 한다.

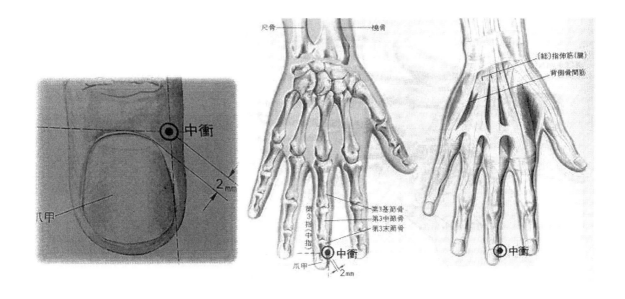

4. 연필을 세웠을 때 종이 지면 위 바른 연필의 각도(책상의 높이에서 본 모양),

- 연필이 지면과 이루는 각도는 45~60~70 사이가 된다.
- 반듯이 직각으로 세워서 잡으라는 경우도 있지만, 연필과 손이 콤파스 또는 아치 구조가 되어야 한다.
- 45도 이하로 내려가면 검지 손가락이 밖으로 꺾이기 시작한다.
- 45도 이하로 내려가면 세로획을 그을 때 7시 방향으로 휘는 현상이 발생하기도 한다. 콤파스의 원리이다.
- 특별한 경우는 45도 이하도 허용하지만 이때 검지 손가락이 밖으로 꺾이는 것을 방지하기 위하여 엄지 손가락의 위치가 손가락 마디 쪽으로 옮겨져야 한다. 이때는 중요한 것을 빨리 바르게 적기위해서 사용되는 경우이다.
- 60도에서 45도로 갈수록 손바닥과 지면의 접촉면이 넓어진다.
- 60도에서 45도로 갈수록 세로선이 내려오면서 우측으로 휘는 경향이 발생하며, 가로선위 위쪽으로 상승하는 경향이 발생한다.
- 60도에서 시작하여 45도를 지나 45도 이하로 내려가는 경우도 있다. 간단한 아이디어 스케치. 즉, 긴장감을 풀고, 정신을 느슨하게 하여 창의성을 극대화 시키려는 경우 가능하다. 또는 지면의 상황이 좋지 않아 지면의 접촉면이 많이 필요할 경우 사용되기도 한다.
- 45도 이하로 내려가는 것은 글씨 쓰기에 약간 부적합할 수도 있다.
- 60~70도 이상이 되면, 글씨를 가리기 시작하며, 손가락이 자연스럽게 움직이기 힘들어지며, 획을 그리기 어려워진다.

- 각도가 이상하게 되면 연필이 4시 방향을 벗어나기 쉬워진다. 어깨도 틀어진다. 이렇게 되면 공부는 고사하고 바른 신체 성장도 어려워질 수 있다.
- 여기에 해당하는 원리는 콤파의 원리와 반지름과 호의 길이 등이다.

5. 바른 연필의 각도(종이를 책상과 평행하게 놓고 위에서 보는 연필의 방향 또는 어깨선과 평행하게 놓고 위에서 보는 연필의 방향) : 약 4시 방향 : 정말 중요한 개념임

바른 연필잡기의 삼각별

0시 방향 : Paint Brush 바른 자세
4시 방향 : Pen (fountain pen) 오른손 연필의 방향
8시 방향 : Pencil 오른손과 협응하는 왼손의 방향
2시 공간 : Paper
6시 공간 : People
10시 공간 : Place
원 : Paint Brush, Pen (fountain pen), Pencil 의 몸통이 둥글다. Planet 이 둥글다. 우리가 사는 곳이 둥글다. 원만하게 살자

손의 구조, 길이, 두께, 각도, 마디 모양 등의 관계가 깊다.

4시를 벗어나면 틀림 : 여기는 허용치가 가장 적다. 이것이 틀어지면 다 틀어진다. 허리, 어깨, 손목, 시력, 목, 머리, 눈의 초점 거리 등 때문이다.

보통 조명은 좌상향 10시~11시 방향에 위치한다. 손에 걸리는 것도 적고, 그림자의 방향도 적당하다.

4시 방향의 연필잡기는 손의 세로 운동이 쉬우며, 가로획 손목돌리기, 손가락 당기기에 여유가 있다. 글씨 쓰기가 좌에서 우로 진행되지만 모양은 유지 되어야 한다.

우선 3시 방향보다 위쪽으로 향하면, 펜 끝이 진행 방향과 역행한다. 만년필이나 펜이 아닌 도구를 사용하면 어느 정도 사용이 가능하다. 만년필이나 펜을 도구로 사용하면 만년필이나 펜의 구조와 특성이 힘들게 하여 바른 연필잡기를 필요하게 한다.

3시에서 4시 사이에 위치하면 세로획 긋기가 어렵다. 정확히 말하면 수직획 긋기가 어려워진다. 손의 구조와 관계있다. 손의 구조와 관련해서 검지의 힘을 제대로 하지 못하여 세로선 긋기가 어려워진다.

4시에서 6시 사이면 세로획은 쉽게 그려지는데 가로획이 어렵다. 6시에 가까울수록 이미 손목이 꺾여있는 상태가 되기 때문에 가로획을 그을 여력이 없고 몸이 틀어지기 때문이다.

이것은 손가락 당기기의 동작이 발생하는 시점과 연관이 있다. 4시 방향을 만들어야 필요한 세로획과 가로획의 동작이 나온다.

참고로 8시 방향 왼손의 협응을 뜻한다. 글씨를 쓸 때 종이를 잘 잡아주어 바른 연필잡기를 유지 시켜 준다.

七(Ⅶ). 바른 연필잡기를 하기 위해 필요한
손에 관한 의학적 기본 지식 살펴보기
- 서양 의학 : 해부학(뼈, 관절), 근육 역학
- 동양 의학 : 혈자리, 혈자리와 관련된 의학 효과

> 이번 장은 바른 연필잡기를 위해 연필이 놓여야 할 위치를 지칭하기 위해 의학의 도움을 받았다. 처음에는 서양 의학을 이용하여 설명하려고 하였으나 어려움과 한계에 봉착해서, 동양 의학과 관련한 혈자리를 설명하여서 완성도를 높였다. 혈자리와 관련된 좋은 점을 기술하였으니 참고하여 건강한 생활을 영위했으면 좋겠다.(七(Ⅶ)-5 : 바른 연필잡기와 관련된 혈자리 참고) : 상당히 많은 수고와 공을 들인 장이다.

 많은 고민이 들어갔다. 꼭 읽어봐서 바른 연필잡기와 함께 정신적, 신체적 건강을 유지하면 좋겠다.

 바른 연필잡기를 배우고, 가르치고, 설명하기 위해 손에 대하여 기본적으로 알아야 할 필요가 있다. 손의 기본적인 명칭, 형태, 힘을 낼 수 있는 크기, 힘을 사용하고 움직일 수 있는 역학적 관계들이다. 그리고 바른 연필잡기와 관련된 손의 정확한 위치를 지칭할 수 있어야 한다. 손의 정확한 위치를 지칭하는 것은 동양 의학의 혈자리를 이용하였다.

1. 손가락 명칭 및 손의 구조

 손가락 명칭에 대해서 일관성이 있어야 한다. 흔히 일상생활에서 사용되는 이름과 혼동이 되지 않으면서 교육을 위해서 학문적 체계가 필요했다.

 가. 손가락 명칭 살펴보기 : 우리에게 일상적으로 통용되는 손가락 명칭은 일관성과 위계가 혼용되었다.
 엄지 손가락은 대지, 무지(大指, 拇指)로 불린다. 검지 손가락은 식지(食指)로 불린다. 새끼 손가락은 소지 손가락으로 불린다. '엄지, 검지, 중지, 약지, 소지' 로 부르는 것은 흐름에 맞이 않다. 특히 엄지, 검지는 무지, 식지 등으로 해야 일관성이 있는 것이다.

서양에서는 엄지 손가락에 finger가 사용되지 않는 경우도 있다. 네 번째에 위치한 약지가 third finger라고도 한다. 혼동되기 쉽다. 영어의 명칭과 한글의 해석상의 명칭이 혼동되는 경우도 있다.

다음 표는 손가락의 명칭을 나눈 것이다. 이름의 일관성이 필요하다.

		엄지	검지	중지	약지(무명지) 제4중수골	소지 제5중수골
동양	手指 (수지)	첫째 손가락	둘째 손가락	셋째 손가락	넷째 손가락	다섯 번째 손가락
			집게 손가락	가운뎃 손가락	약 손가락	새끼 손가락
		大指 拇指	食指	中指	藥指 環指	小指
서양	finger	thumb pollex				
			index finger	middle finger	ring finger	little finger
		big finger	forefinger		third finger	
손가락 뼈 마디 수		2	3	3	3	3
두께(상대치)		5	4	4	4	3
길이(상대치)		2	5	4	4	3
힘(상대치)		5	4	4	4	3
손바닥에서 비율(손가락 제외)		5	4	4	4	4
관절		안장 관절	경첩 관절	경첩 관절	경첩 관절	경첩 관절
특별한 기능		맞섬 근육				

나. 손의 외형적 모양

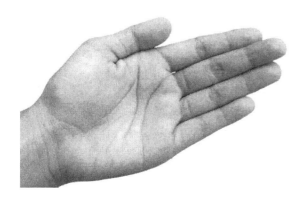

　　1) 손가락의 길이 살펴보기 : 바른 연필잡기를 위하여 손가락의 길이를 생각하는 것은 매우 중요하다. 손가락의 길이에 의해서 힘을 쓰거나, 원심력, 회전할 수 있는 반경이 결정되기 때문이다.

　　손가락의 길이는 엄지가 가장 짧고, 검지, 중지의 순서로 길다. 그래서 손가락의 길이를 참고하여 연필을 잡았을 때 연필심이 있는 끝에 중지가 가장 가깝게 가야하고, 다음은 검지, 엄지 순으로 위치해야한다. 물론 세개의 위치가 미세한 1cm 이내의 미묘한 차이이지만, 이것으로 인하여 결정되는 것은 중요한다.(뒤에 설명하지만 1cm 이내지만 이렇게 되어야 검지 손가락 엘보, 손목의 자세, 사용되는 힘 등에 영향을 미치기 때문이다.) 그리고 손가락의 크기를 고려하면 1cm는 미세하다고 할 수 없으며, 보통 일반적으로 쓰는 글씨의 크기가 1cm 내에서 써지기 때문에 결코 작다고 할 수도 없다.

　　손가락의 길이의 차이는 손가락의 힘의 차이를 만든다. 지렛대의 원리가 작용하는데, 손목에서 멀어질수록 손가락이 쓸 수 있는 힘이 달라진다. 대신 손가락 끝의 움직인 거리도 길이에 따라 달라지게 된다.

　　2) 손가락의 지문의 위치

　　바른 연필잡기에 사용되는 지문의 위치가 약간씩 다르다. 엄지와 검지는 비슷하게 사용되지만, 중지는 지문이 거의 사용되지 않는다.(엄지와 검지는 지문을 주로 사용하고, 중지는 중충혈 부분의 뼈의 낮은 곳을 사용한다.)

3) 손가락의 두께 및 단면적 살펴보기

각 손가락은 두께와 두께의 차이에 따른 단면적의 차이를 가지고 있다. 손가락의 두께에 의해서 손가락에 전해지는 힘이 달라진다. 엄지가 가장 두껍기 때문에 가장 많은 힘을 가진다. 극단적으로 같은 1kg의 금속도 단면적을 어떻게 가공하느냐에 따라서 물에 가라앉기도 하고, 물에 뜨기도 하고, 공중에 떠 있을 수 있기 때문이다.

2. 손가락 뼈의 구조 및 손가락 뼈의 명칭

바른 연필잡기의 위치를 설명하기 위해 손가락 뼈의 구조와 명칭을 알아야 한다. 손의 구조에 대해서 해부학적 관점으로 살펴보면 다음과 같다.

수근골(손목뼈:8개), 중수골(손허리뼈:5개), 절골(수지골, 손가락뼈:14개:기절골, 중절골, 말절골)로 이루어져 있다. 수지골(手指骨 : 지골, 죽절골이라고 부름:손가락뼈. 엄지손가락은 2개, 나머지 손가락들은 각 3개씩 손가락 관절로 이루어져 모두 14개의 손가락 관절로 되어 있다. 매 수지골은 가까운 손가락 관절, 가운데 손가락관절, 먼 손가락관절로 나눈다.

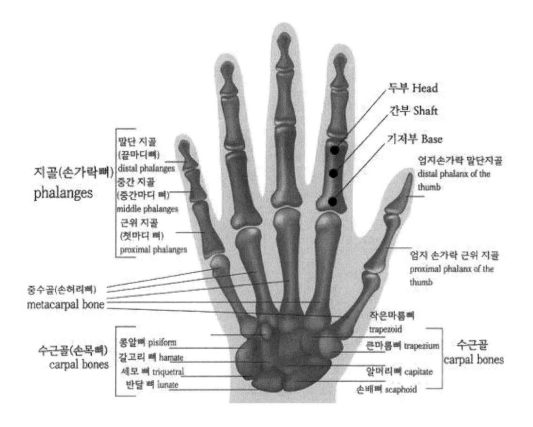

바른 연필잡기에 중요한 손가락과 위치는 검지 손가락 근위 지골 기저부, 중지 손가락 말단지골 기저부이다. 손가락 뼈를 살펴보면 손가락 마디의 양쪽이 두껍고 가운데가 오목한 것을 알 수 있다. 그래서 오목한 부분 기저부 어딘가에 연필을 놓아야 편안하고 잘 쓸 수 있는 바른 연필잡기가 된다.

각 부분에 대한 이름이 자세하게 많이 있지만 전문적인 부분으로 찾기 어려웠다. 바른 연필잡기 교육을 위해 지칭하기에 꼭 필요한 부분의 이름이 영어이거나, 명칭이 너무 전문적이고 길기도 하였다. 지칭을 하기 위해 많은 고민과 자문을 듣고 살펴본 검색어들은 다음과 같다. 수근골부터 찾기 시작했는데 우연히 연관 검색어에 이간혈이라는 것이 나왔다. **(이것이 바른 연필잡기를 교육하고 배우는데 획기적인 역할을 했다. 물론 관심이 있었기 때문에 이간혈을 바른 연필잡기로 끌어들인것이긴 하다.)**

서양의학적 분류 : 수근골 → 중수골 → 수지골
동양의학적 분류 : 이간혈 → 삼간혈 → 합곡혈 → 중충혈 → 노궁혈

이렇게 해서 찾은 검지 손가락에 있는 이간혈과 중지 손가락에 있는 중충혈은 바른 연필잡기를 설명하는 독창적이고 합리적이고 과학적인 이론적 근거(구조)가 되었다.

3. 관절의 이해

연필잡기와 관련된 관절들이다. 주의해서 봐야할 부분은 손가락에 많이 있는 경첩관절이다. 경첩 관절은 팔꿈과 같이 뒤로 꺾이지 않는다. 경첩 관절은 뒤로 꺾이면 무리한 힘이 가해지고, 아프다. 그래서 그것을 해결하기 위해 스스로 자세를 무너뜨린다. 한쪽에서 무너진 자세는 손가락, 손목, 팔, 어깨, 허리, 머리 등으로 퍼지기 시작한다. 결국은 바른 연필잡기만 하지 못하는 것이라니라, 자세가 나빠지고, 바른 신체 성장에 방해가 되며, 학생들에게는 공부를 하지 못하는 악순환의 단초가 된다. 그런데 손가락은 팔꿈에 비해 얇고 연하기 때문에 팔꿈에 비해 유격이 많다. 잘못 잡아도 쓸 수는 있다. 그래서 나쁜 습관이 고착된다. 그리고 조금씩 점점 아프게 된다.

손목 : 타원 관절 : 굽히고 펴는 것이 가능하며 옆으로 기울일 수 있다.
팔꿈 : 경첩 관절 : 하나의 축을 따라 구부리고 펼 수 있다.
손가락 관절 : 경첩 관절
엄지 손가락 : 안장 관절 : 타원 관절과 비슷하지만 더 광범위하게 움직인다.

4. 손 근육 및 역학적 관계 : 손가락의 편한 움직임 방향을 알기 위해
   인체의 작동 원리 : 근육역학이라고 한다.

   가. 손가락의 위치 및 진행 방향 살펴보기 : **맞섬 근육**의 이해

   연필잡기를 위해서 손가락의 위치 및 진행 방향을 살펴보는데, 엄지 손가락과 나머지 손가락의 위치와 진행 방향이 다른다. 손으로 잡기위해서 엄지가 잡기에 적당한 위치에 있다. 이때 다른 생물과 다르게 인간의 손은 맞섬 근육이 등장한다. 맞섬 근육이 있으므로해서 도구의 인간(도구를 사용할 수 있고, 섬세한 작업을 하는 인간)이 되었다고 하기도 한다.
   손가락의 위치와 맞섬 근육을 인지하고 이해하면, 바른 연필잡기를 쉽게 할 수 있다.
   맞섬 근육은 엄지손가락과 나머지 손가락들을 모으게 한다. 나머지 손가락들은 서로 함께 움직이려는 경향이 있다.

   나. 손의 움직임과 손가락의 역학 관계 : 맞섬근육, 양손(왼손, 오른손)의 협응 관계

      1) 손의 구조와 삼지(엄지, 검지, 중지)

   손의 구조를 살펴보고 있지만, 바른 연필잡기의 전제는 바른 연필잡기는 삼지(엄지, 검지, 중지)를 이용해야 한다는 것이다. (연필잡기의 여러 학설 중에는 연필잡기는 엄지와 검지를 이용해서 잡는다고 했는데, 출발점부터 정확하게 정형화할 필요가 있다.)
   연필잡기에 주로 사용되는 엄지, 검지, 중지를 중심으로 설명한다. 약지와 소지(새끼) 손가락은 받침의 역할을 주로한다.

2) 손가락의 힘의 크기 비교

손가락의 힘은 엄지가 가장 크다. 길이와 두께의 차이가 발생하기 때문이다. 엄지는 마디도 짧고 두껍다. 뼈의 개수의 수도 적다. 바른 연필잡기를 위해 손에 가해지는 힘을 이해하기 위해 손가락에 들어가는 힘의 분배 및 힘의 크기를 언급했다.

3) 양 손(왼손, 오른손)의 협응

왼손과 오른손의 협응 관계가 중요하다. 작용 반작용의 법칙이랄까? 종이의 흔들림을 방지하여, 글씨를 쓰기 쉽게한다. (종이의 흔들림은 바른 연필잡기를 무너뜨리기 쉽다.) 이대로 잡으면, 멋있고, 폼이 나며, 여유있어 보인다. 생각 또는 사고의 유연성이 생긴다. : 왼손의 힘의 방향이 8시가 된다.

5. 바른 연필잡기와 관련된 혈자리 : 중요하며 많은 공이 들어갔다.

동양의학에서 사람에게는 12경맥이 있다. 손과 관련해서 6경맥, 발과 관련해서 6경맥이다. 바른 연필잡기에서는 손과 관련된 6경맥중 3경맥을 사용한다. 검지와 관련된 수양명대장경, 중지와 관련된 수월음심포경, 소지와 관련된 수태양소장경이다. 참고로 손가락은 다섯개인데 6경맥이면, 엄지가 2경맥이 있을 거라고 생각할 것 같아서, 각 손가락에 있는 경맥의 숫자만 적는다. 엄지 1맥, 검지 1맥, 중지 1맥, 약지 1맥, 소지 2맥(안쪽과 바깥쪽)이 있다.

처음에는 동양의학의 혈자리까지 연관시키려고는 하지 않았다. 서양의학, 스포츠과학(스포츠 역학) 등을 살펴봤는데 바른 연필잡기를 위한 연필의 위치를 지칭하는데는 한계가 있었다. 혹시라도 지칭하려면 할 수는 있었는데, 너무 어려운 용어와 함께 전문적인 영역이 되었다. 손가락 뼈, 관절, 근육 등을 검색하는 데 이간혈이라는 것이 연관 검색어로 발견되었다. 이미 서양의학을 접하고 도입한 상태였기 때문에, 그냥 지나갈 수 있었으나, 왠지 보고싶다는 욕망이 강하게 생겼다. 확인한 결과 바른 연필잡기에 최고로 적합한 용어였다. 너무 기뻤다. 거의 10여년 동안의 숙제를 해결한 느낌이었다.

가. 검지 손가락 관련 바른 연필잡기 혈자리 : 이간혈, 삼간혈

연필의 위치가 이간혈과 삼간혈 사이에 위치하면된다. 기본은 이간혈이다. 검지와
연필의 각도는 40도~45도 정도 된다. (검지의 이간혈과 중지의 중충혈을 지나는
연필은 둔각 이등변 삼각형의 형태가 된다.)

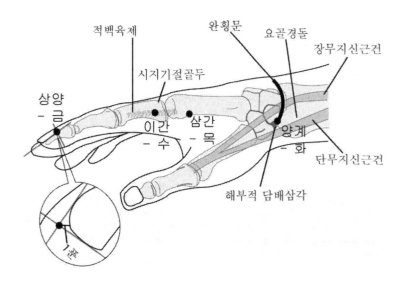

한의학적 효용으로 보면 이간혈은 폐, 코, 치통, 대장, 위, 설사, 변비 등에 좋으
며, 눈 다래끼에 좋다고 동의보감과 같은 동양 의서에 나와 있다. 현대 의학의 관점
에서는 면역력을 강화시키고, 항암제 치료의 부작용을 해결하는데 좋다고 한다. 왼
손, 오른손 위치는 동일하다.

이간혈 관련 일화가 있다. 정읍 백합농원을 운영하였던 최영단 할머니가 백합혈
(이간혈 주변이라고 한다.)을 눌러서 치료했다고 하는데 이간혈과 비슷한 위치이다.
최영단 할머니의 일화는 동아일보 1962년 3월 23일 금요일 판 3면에 나와있다.

바른 연필잡기를 통한 필사하는 즐거움은 이간혈 자극을 통해서, 편안히 숨쉬고,
편안히 화장실을 이용할 수 있으며, 면역력이 강화된다.
이간혈과 함께 있는 혈인 삼간혈, 합곡혈은 **수양명대장경**의 한 맥에 있다. 일맥상
통(一脈相通)이라고 할 수 있다.

삼간혈의 효능은 이간혈과 비슷하다. 치통, 위와 관련이 있다.

나. 중지 손가락 관련 바른 연필잡기 혈자리 : 중충혈

연필의 위치가 중충혈을 지나면 된다. 중지와 연필의 각도는 45도 정도 되면 된다. **(검지의 이간혈과 중지의 중충혈을 지나는 연필은 둔각 이등변 삼각형의 형태가 된다.)**

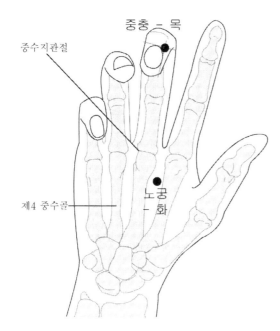

중충혈 특징 : 수험생을 비롯한, 현대사회의 생존경쟁에서 매일 매일 두뇌 관련 힘쓰는 사람들에게 좋다. 지식 관련해서 좋은 효과가 있다. 졸도 했을 때 좋다. 119가 오기 전에 맨 손으로 있는 것보다는 중충혈을 눌러주면 심폐소생술과 함께 최상의 노력이 된다. 노궁혈과 함께 눌러주면 눈에 관련하여 좋다. 중충, 노궁, 백회는 눈 및 정신 건강에 좋다.

1) 머리와 관련되어 있어서 공부하는 학생에게 좋다. 중충혈을 자극하는 것이 머리에 좋기 때문에 공부는 손으로 하는 것이라는 말이 있는 듯 하다.
- 집중력을 높인다.
- 건망증 해소 및 기억력 상승에 좋다.
- 스트레스 해소에 좋다.(의외이다. 연필을 바르게 잡으면
   스트레스가 해소된다니)
- 두통에 좋다.
- 중요한 시험을 앞두고 있으면 많은 도움이 된다.
- 치매도 예방한다.

2) 중충혈은 **수월음심포경** 이라는 경락과 관계가 있다. 정신, 지성을 관장한다. 심포를 심보라고도 하며, 심보를 잘 써야 한다는 말이 여기서 나왔다고도 한다. 심포는 5장 6부를 나타낼 때는 생략되지만, 6장 6부로 나타낼 때는 심포를 추가한다. 심장을 둘러싼 근육 부분을 말한다. 심장이 좋아야 혈액순환이 잘 되기 때문이다.

- 노궁혈과 함께 눌러주면 좋다.
- 노궁혈은 피로회복에 좋다.
- 일맥상통한다고 할까? 중충혈과 노궁혈은 같은 수월음심포경에 있다.
- 수월음심포경에 시작이 중충혈이고, 그 다음이 노궁혈이다.

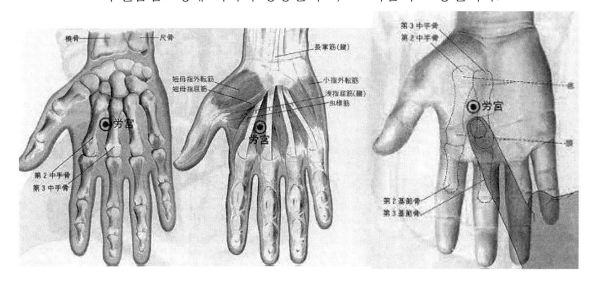

개인적인 사견이지만 연필을 수월음심포경이 있는 중충혈에 올려놓고 공부하면서 계속 자극을 하면 기억력이 향상되고, 건망증이 사라지며, 심장에 좋고, 혈액순환이 잘 되며, 나이가 들어서는 치매에도 도움이 된다. 펜을 많이 쓰면, 그 자체로 기억력 향상이 도움이 되고, 중충혈의 자극으로 상승효과를 가져온다고 볼 수 있다. 스트레스도 해소 된다.

글을 쓴다는 것은, 기억력이 좋아지고, 치매, 중풍을 습관처럼 예방한다.
필사의 즐거움은 여러면에서 좋다.

다. 새끼 손가락 관련 바른 연필잡기 혈자리 : 소택, 전곡, 후계, 양곡

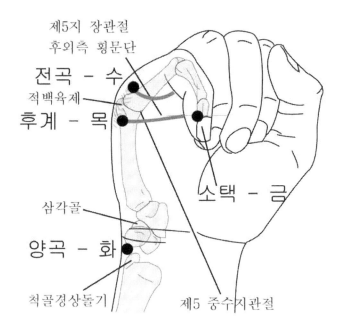

소택혈 부분과 관절이 지면에 닿아 있어야 하며, 전곡혈과 후계혈은 지면에 닿으면 안된다. 전곡혈과 후계혈이 지면에 닿는 다는 것은 손이 지면과 수직이 된다는 의미이고 이렇게 되면 아치 형태 또는 콤파스 형태가 되지 않아 글씨를 쓸 수 없다. 손바닥 근육이 지면에 닿아야 한다. 손바닥 근육이 지면에 닿으면 손은 자연스럽게 60도 정도 기울게 된다. 연필이 60도 정도로 기울어지니 역학적으로 성립한다.

소택혈, 전곡혈, 후계혈은 **수태양소장경**에 있는 혈자리다. 수태양소장경은 쇄골상와에서 갈라져서 하나는 몸통의 심(心)에 연계되고, 하나는 목, 뺨, 눈, 귓속으로 들어간다. 전곡혈과 후계혈은 현대인들이 운전, 컴퓨터, 스마트폰 등의 사용으로 인한 경추, 눈 등에 좋은 자리다. **아울러 수태양소장경과는 상관없지만, 족소담양경에 있는 사백혈을 함께 활용하면 공부하는 학생 특히 수험생에게 좋다.**

- 소택혈(少澤穴 : 井穴)은 젖이 잘 나오게 한다. 잠재적인 유선염의 위험에서부터 안전해진다. 생리통에 좋은 효과가 있다. 현대인에게 많은 뚱뚱한 사람과 현대인의 무서운 병 중풍예방에 특효가 있다.
- 전곡혈(前谷穴 : 滎穴)은 목 디스크에 좋다. 잠을 잘 못자서 목이 잘 돌아가지 않을 때, 목이 잘 돌아가지 않는 것은 디스크의 전조증상이다. 운전 장거리, 경추에 좋다. 돈 않들이고 건강하다.

- 후계혈(後谿穴)은 각막염, 백막예 눈다래기, 두통, 고혈압, 실신, 소장질환, 코피, 청각이상에 좋다.

※ 사백혈(四白穴) : 족소담양경에 있는 혈자리이다. 四는 사통팔달이라 쓰이듯이 넓다는 의미이고 백은 빛이라 뜻해서 四白穴이라 불린다. 눈과 관련, 두통, 축농증, 안면마비, 다크 써클, 눈가 주름, 근시, 난시, 노안, 눈물이 나오고, 눈을 맑고 밝게 한다. (천응혈, 정명혈, 관료혈, 동자료혈, 양백혈, 사백혈, 태양혈 사죽공, 승읍혈 등)

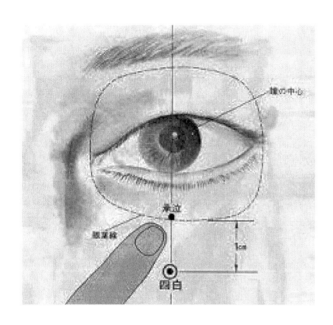

八(Ⅷ). 바른 연필잡기를 위한 수치화 및 손과 관련된 신체 기관의 자세 측정값 알아보기

손목, 팔뚝, 팔꿈치, 어깨, 가슴, 허리, 배, 엉덩이, 발 등 도 중요하다.

기존에 모습이 전체적인 손 모양을 보는 것 위주의 모습이었다면 이번 장에서는 바른 연필잡기를 했을 때 손의 각 부분에서 발생하는 측정값 모음이다.

자세의 과학화, 정형화, 수치화 : 연필잡기의 적정한 각도 및 실현하기 위한 손의 구조 이해

바른 연필잡기 손 모양 지도를 많이 한다. 여기에서 중요한 사실을 간과했다. 좋은 연필잡기 손 모양을 위해서는 앉은 자세가 중요하고 손가락, 손, 손목, 팔, 어깨의 각도가 매우 중요하다.

사람의 몸의 각 부분은 서로 연결되어 있어서, 손을 바르게 하는 과정에 허리 자세가 틀어지면, 어깨가 틀어지고, 어깨가 틀어지면 팔꿈치가 틀어지고, 팔꿈치가 틀어지면, 손목이 틀어지고, 손목이 틀어지면, 손의 닿는 면(새롭게 도입한 명칭)이 틀어지면 바르게 잡을 수가 없다.

이렇게 되면 집중력이 낮아지고, 신체에 무리가 가기 때문에 장시간 공부 또는 업무에 투자 할 수 없다.

---

1. 손가락의 자세 : 바른 연필잡기를 위한 손가락 모양

- 엄지 손가락 : 손가락의 각도가 120도 정도의 각도가 되면, 자연스러운 잡기가 된다. 연필과의 각도는 손가락을 위에서 봤을 때 40도에서 45도 사이를 이루어야하며, 연필을 위에서 봤을 때 40도에서 45도 사이를 이루면 된다. 연필의 몸통을 잡았을 때 엄지손톱의 중앙에서 시작하여 45도 정도 경사를 이루어 잡으면 된다.

이렇게 잡으면 너무 끝으로 잡거나 위로 올려잡지 않게 된다.

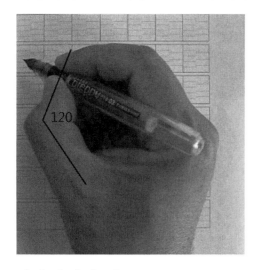

엄지 손가락 각도

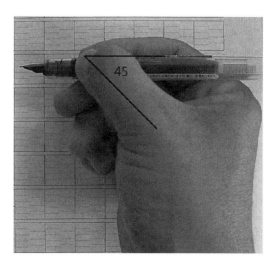

옆에서 본 연필과 엄지 손가락 각도

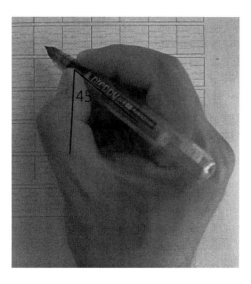

연필을 중심으로 위에서 본 연필과 엄지 손가락 각도

- 검지 손가락 : 연필은 이간혈을 지나면 된다. 손가락이 접히는 방향으로 자연스럽게 되어야한다. 잘못된 잡기를 하면 밖에서 안쪽으로 꺾여서 손가락에 무리가 된다. 연필과의 각도는 손가락을 위에서 봤을 때 15도에서 25도 정도 사이를 이루어야하며, 연필을 위에서 봤을 때 40도 정도 이루면 된다. 연필의 몸통을 잡았을 때 검지손톱의 중앙의 아주 조금 1mm 정도의 밖에서 안쪽으로 40도에서 45도 정도의 경사를 이루어 잡으면 된다. 이렇게 잡으면 엄지 손가락과 연관하여 올려잡거나 검지손가락이 꺾여서 잡지 않아도 된다. 그리고 세로 운동에 유리하다.

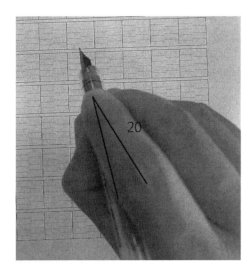 

검지 손가락을 위에서 본 모습 　　　　연필을 기준으로 검지 손가락 본 모습

　　- 중지 손가락 : 연필은 중충혈을 지나면 된다. 중충혈을 중심으로 45도 정도 되면 된다. 계란중에 초란이 있다. 초란을 잡은 것처럼 둥근 모양이 되면 된다.

　　- 엄지 손가락과 검지 손가락의 길이 차이로 인하여 엄지 손가락이 검지 손가락보다 짧게 있어야함. 이렇게 되어야 검지 손가락의 각도가 120도 정도 유지되어 힘이 들어가지 않고, 힘이 들어가지 않은 편안한 각도가 되며, 자연스럽게 엄지 손가락의 위치가 된다. 엄지가 검보다 아래쪽에 있으면 곤란하다.

- 엄지 손가락과 검지 손가락의 각도는 80도 정도 이루어 져야 한다.

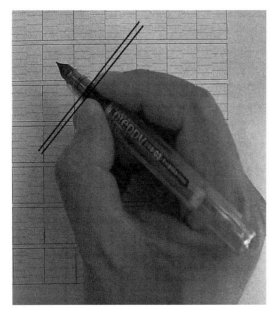 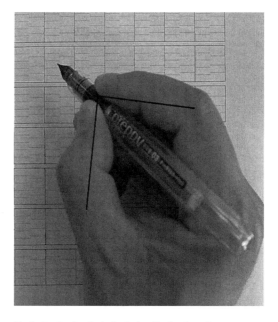

엄지손가락과 검지손가락의 길이차이   엄지손가락과 검지손가락의 각도

여기에서 나타나지만 엄지 손가락과 검지 손가락이 너무 모여서 뾰족하면 않된다. 엄지와 검지가 붙으면 곤란하다. 각도가 너무 작아지면, 손가락이 길게 앞으로 나와서, 당기기의 각도가 애매해지고, 각도가 너무 커지면, 이간혈 쪽으로 가까워져서 움직임이 힘들다.

- 엄지 손가락과 검지 손가락은 필기도구와 손가락의 구조상 평행을 이룰수 없다. 연필을 기준으로 위에서 봤을 때에 엄지 손가락은 45도 정도, 검지 손가락은 30도 정도를 만들면 된다. 이렇게 되면 자연스럽게 검지 손가락 손쪽 끝에 있는 뼈 부분에 연필이 위치하게 된다.

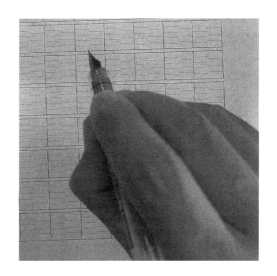

　그림에서 보는 것과 같이 손가락과 연필을 평행을 이룰 수 없는 구조이다. 그러나 **연필과 평행하게 잡게하는 오류가 발생하는 지도를 하는 경우**가 있다. 평행하면 손목이 너무 꺾이거나, 연필이 3시 방향보다 위로 올라가서 글씨의 진행 방향과 역행하게 된다.

　- **뾰쪽 잡기(나쁜 잡기)** : 엄지 손가락과 검지 손가락을 너무 올려잡으면, 연필이 쉽게 빠지며, 연필을 안정적으로 잡을 수 없게 되어 무리하게 힘이 들어가고, 손가락 모양이 틀어지게 된다. 연필을 길게 '높게 잡기' 또는 연필을 짧게 '낮게 잡기'와는 다르다.

　- 뾰쪽 잡기의 3가지 형태 : 엄지 검지 함께 뾰족 잡기, 검지 뾰족 잡기, 엄지 뾰족 잡기

　- 엄지 손가락, 검지 손가락, 중지 손가락의 모양 : 엄지 손가락과 검지 손가락의 모양에 중지 손가락의 중충혈(손톱과 첫째마디뼈의 옆 면)에 위치하면 된다. 너무 뼈마디에 가까우면 약지 손가락과 새끼 손가락의 모양이 틀어져서 받침점의 위치가 잘못되며, 평행이동이 어려워진다.

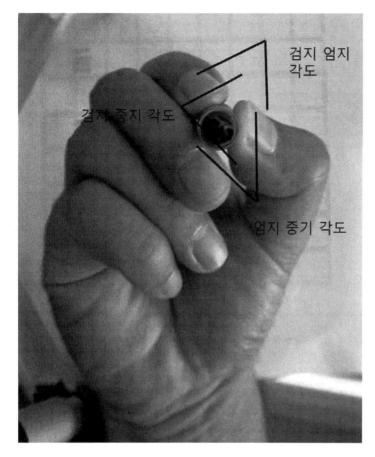

검지 엄지 각도

검지 중지 각도

엄지 중기 각도

손가락을 살펴보면 엄지 손가락과 나머지 손가락의 위치와 구조상 정삼각형이 나올 수는 없다.

중지를 잘 이용하여 받침점을 만들고 검지는 수직에 가깝게 엄지는 45도에 가깝게 모양을 만든다.

중출혈 위치에 올려 놓는다.

정면에서 보면 중지 손가락을 바닥으로 하여 검지 손가락은 80도에서 90도를 이루며, 엄지 손가락은 45도 정도 이루며, 엄지 손가락과 검지 손가락은 60도 정도 이루면 된다.

위에서 보면 맞잡은 엄지 손가락과 검지 손가락의 접선과 중지 손가락은 80도에서 90도정도 이루면 안정적인 모양이 된다.

<바른 연필잡기를 위한 손모양 요약>

1. 연필잡는 손의 모양은 손의 구조가 검지 손가락이 길기 때문에 엄지보다 연필 끝 쪽에 위치해야 한다. 많은 학생들이 엄지와 검지를 이용해 연필을 잡는데, 엄지 손가락이 밑에 있으면 우선 잘못된 것이며, 이렇게 되면 연필자세 뿐만아니라 앉는 자세에도 영향을 미친다. 결국, 허리가 꺾이기도 한다.

2. 검지 손가락 끝마디와 둘째 손가락 마디가 연필쪽으로 꺾여있으면 잘못된 손모양이다. 엄지손가락이 아래에 위치하기 때문에 물리적, 역학적, 구조학적으로 함께 꺾여지는데, 검지 손가락에 무리한 힘이 많이 들어간다. 검지 손가락에 엘보가 오며 자연스럽게 움직이지 못한다.

3. 손가락과 연필은 평행을 이룰 수 없는 구조인데, 억지도 평행을 만든다. 손가락 3개를 이용하여 잡아야 하기 때문에 연필을 잡았을 때 약간 경사를 띄우며 잡아야 바른 잡기가 된다. 이해가 쉽게 하기 위해 평행을 이루게 지도하는 경우가 있는데, 손가락 관절에 무리가 되며, 무리한 힘을 가하고, 손가락 당기기가 되며, 집중력을 떨어뜨린다. 평행이 되면 연필이 3시방향보다 위고 향하게 된다.

4. 엄지와 검지의 손모양이 뾰족 잡기가 되면 연필과의 접촉면이 적어져서 연필이 쏙 빠지는 경우가 많다. 이렇게 되면 중지에 무리가 가고 손모양이 흐르러지고, 연필을 놓치기 쉬워진다.

5. 중지의 역할은 손가락 3개의 합이 잘 이루어지게 하며, 특히 받쳐주는 역할을 많이 한다. 엄지와 검지는 지문을 이용하여 연필을 잡는다면 중지는 손톱과 손가락 마디사이의 부분인 중충혈을 이용한다.

- 약지 손가락 : 중지 손가락과 비슷한 위치에 있으면 되며, 안쪽으로 말리면 된다. 소지 손가락을 기준으로 나란히 잘 쌓아 올려야 하며, 이것을 바탕으로 중지 손가락과도 나란히 쌓아 올려야 한다. 물론 중지 손가락과 검지 손가락도 나란한 모습이 되어야 한다. 이렇게 모습이 되어야 삼지(엄지, 검지, 중지)가 세로 선긋기 운동을 쉽게 할 수 있으며, 손목을 이용하여 가로 회전 선긋기 운동을 쉽게 할 수 있다.

- 소지(새끼) 손가락 : 사용법은 다음과 같다. 소택혈 옆 부분, 소지 둘째마디 및 옆근육, 및 관절 부분이 닿으면 된다. 전곡혈과, 중수관절, 후계혈이 지면에 닿으면 곤란하다.(혹은 스치듯이 닿아서 무게중심이 쏠리지 않아야 한다.) 손날 쪽 손바닥 근육을 사용한다. (삼각골, 양곡혈 부분의 위치이다.)

- 소지 손가락 각도는 120도, 120도 정도로 구부리면 된다. (너무 말려서 소지 손가락의 각도가 직각에 가까워지면 움직임이 어렵다. 손바닥 쪽으로 모이기 때문이다. 힘이 많이 들어간다.) 이렇게 되어야 소지, 약지, 중지, 검지의 첫째 마디를 나란히 쌓을 수 있다.

- 소지, 약지, 중지, 검지 손가락들의 둘째 마디가 거의 나란하게, 거의 평행하게 있으면 되며, 안쪽으로 말리면 된다.

- 전체적 손의 모양 : 손바닥에 계란(초란 크기)과 메추리알 정도 사이의 공간이 하나 있다고 생각하고 연필을 잡으면 된다.

- 손의 중심 : 손의 모양이 이루어 졌으면 새끼 손가락과 손 날 부분을 이용하여 글씨 쓰기의 중심을 잡는다. 이때 손과 지면의 각도는 60도에서 80도정도 이루면 된다. 손의 중심이 잘 잡혀 있으면, 세로운동, 가로운동, 미세한 평행이동을 바르게 할 수 있다.

콤파스를 생각하면 된다. 연필과 손이 아치를 이뤄야 한다.   또는 손이 지면과 수직이 되면 곤란하다.

2. 손과 연관된 관절의 모양

 - 손목, 팔뚝, 팔꿈치의 모양 : 손가락 모양을 기본으로 하여 전체적인 손의 모양이 완성되어도 손목, 팔뚝, 팔꿈치의 모양이 어긋나면 손가락 모양이 다시 흐트러진다.

손목은 세로운동과 회전운동이 잘 될 수 있도록 팔과 Y 형태가 되면 된다. 너무 안쪽으로 꺾여 있으면 세로운동이 되지 않아서 세로획을 부자연스럽게 그으며, 너무 밖으로 꺾여 있으면 회전운동이 되지 않아서 가로획을 부자연스럽게 긋는다.

엄지 손가락과 손등과 팔목뼈가 서로 대칭이 되면 된다.

보통 바른 자세의 목과 얼굴 각도를 만들고, 적당한 시선으로 바라보면, 보여지는 손과 팔뚝은 Y자 형태가 되며, 엄지 손가락 안쪽뼈와 손등의 모습은 이등변 삼각형이 된다. 엄지 손가락 첫째 마디와 검지 손가락 첫째 마디는 최대로 봤을 때 거의 평행을 이루면 된다.

손목의 각도가 바르지 않으면 미세한 평행이동이 잘 되지 않는다. 특히 글씨가 진행되는 가로방향의 미세한 평행이동이 어색하여 글씨를 정리하기가 어렵게 된다.

글씨가 좌에서 우로 진행되어도 손목의 각도는 거의 일정해야한다.

팔뚝을 세웠을 때 지면과 80도 정도의 각도를 유지하면 좋다. 이 정도의 각도를 유지하면 손목의 각도는 자연스럽게 60도에서 80도 정도가 된다. 또한 팔뚝이 자연스럽게 되어 팔꿈치 부분의 바깥쪽 팔뚝의 살이 많은 부분으로 중심을 잡을 수 있다. 글씨를 쓸 때 이동되는 손의 비스듬한 원형운동의 중심이 된다. 팔뚝이 지면과 수직이 되면 자세도 불안하고, 바른 연필잡기의 각도가 절대로 나올 수 없다.

팔꿈치는 120도 정도 각도를 만들면 앉아 있을 때 몸이 바르게 서기 좋으며 편안한 각도를 만들 수 있다. 팔꿈치의 각도가 좁아질수록 몸이 앞으로 기울어지며 엉덩이가 의자에서 벗어나며 전체적인 바른 자세를 유지할 수 없다.

팔꿈치의 각도가 120도 정도 되면 몸통과 오른쪽 팔뚝이 대략 5시, 왼쪽 팔뚝이 대략 7시 방향이 된다. 이렇게 되면 오른손은 4시 방향의 바른 연필잡기가 되고 왼손은 8시 방향의 종이를 잡아주는 받침점 역할을 한다.

- 상완, 어깨, 몸통, 가슴, 양팔 : 협응 관계에서 필요하다.

상완(팔꿈치 윗부분의 팔)과 어깨 부분의 몸통은 30도 정도의 각을 만들면 된다. 이렇게 되면 자연스럽게 상체가 반듯해 진다.

어깨와 몸통은 당연히 수평과 수직을 만들면된다. 어깨와 몸통이 수평과 수직으로 바른자세가 되면 척추 측만 등 학생들의 자세 불량에서 오는 성장 질환을 예방할 수 있다.

가슴과 책상 사이의 거리는 전통적으로 말하는 자기 주먹 하나 정도의 거리를 유지하며, 가슴과 책상이 평행을 이루면 된다.

양팔이 이루는 이루는 각도는 60도 정도가 적정하다. 앞에서 설명했지만 팔뚝이 5시와 7시를 각각 향하기 때문이다. 여기를 바른자세 삼각형이라고 명명했는데 60도에서 커질수록 상체가 숙여지며 바른 자세를 흐트린다. 60도에서 작아지면 팔이 부자연 수럽게 움직이며, 겨드랑이에 땀이 찬다. 60도 정도의 각도를 이루게 되면 상완과 어깨사이에 공간이 생겨서 팔이 자연스럽게 움직이며, 겨드랑이에 땀도 차지 않게 된다.

- 바른 자세의 확립 : 바른 자세가 되어야 바른 연필잡기로 이어짐

- 학생들이 연습하는 종이의 위치는 오른손 잡이를 기준으로 생각했을 때에 중심에서 약간 오른 쪽이 좋다. 흔히들 가운데에 놓고 연습하려고 하는데 왼쪽 처음 부분을 시작할 때 자세가 많이 틀어진다. 공책에서 연습한다고 가정하면 어린 초등학생들의 작은 체구에서 왼쪽 처음을 쓰는 것은 자세의 많은 불안정을 보인다.

- 평행 이동, 회전 운동 등의 이론의 확립과 손의 자세, 몸의 자세가 확립되어도 실제적인 연습할 것이 필요하다. 연습을 하다보면, 좋은 효과가 나타나기는 하겠지만, 무턱대고 연습하기보다는 체계적인 연습이 학생들의 발전에 도움이 될 것 같다. 그래서 단계적인 발전이 이루어 질 수 있도록 **체계적인 실습교본을 개발**했다.

체계적인 연습 종이의 연구 개발 및 학생에게 제공했다. (A4 용지를 이용하면 눌리지 않고, 적당한 크기이며 쉽게 구할 수 있다.)

제작 원리는 다음장에서 다루고, 실질적인 연습은 '〈탁바위!〉 탁월함에 이르는 바른 연필잡기의 힘! : 실제편)에서 할 수 있게 만들었다.

유튜브 탁바위 채널을 만들어 바른 연필잡기를 전파하고 있다.

- 힘의 받침점 : 원을 그을 때 콤파스의 중심을 생각하면 좋다. 어깨, 팔꿈, 손목 등이다.

손의 모양이 완전하여도 힘의 받침점이 잘못되면 효과가 적다. 가볍게 주먹을 쥐었을 때 새끼손가락 옆면이 바닥에 닿아서 중심을 잡아주면 좋다.

이렇게 되면 엄지, 검지, 중지, 약지가 종이 위에 떠있어서 자유롭게 움직일 수 있다.

글씨를 쓸 때 발생하는 '손가락의 세로 운동'이 용이해진다. 짧은 세로선 연습을 할 때 훨씬 자유롭게 손이 움직이는 것을 발견할 수 있다. 엄지, 검지, 중지를 힘의 3방향으로 하여 약지와 새끼 손가락 까지 함께 움직인다.

'손가락의 세로운동'보다 난이도가 높은 것이 '손의 가로 회전운동'이다. 이것을 잘못하면 '손가락 당기기'가 되어 손목이 틀어진다. '손가락 당기기'는 이미 새로운 용어에서 설명했다. 받침점을 기준으로 가로선을 그을 때 손목의 미세한 회전운동이 발생하는데, 이 '손의 가로 회전운동'을 기반으로 하여 가로선을 그으면, '손가락 당기기'를 이용한 가로선보다 세로선의 연결이 쉽게 된다.

- 두 팔의 손목의 각도 : 두 팔의 손목 각도는 손을 자연스럽게 내려서 주먹을 펴고 쥐는 것을 반복하여 편안하고, 자연스러운 상태가 되었을 때 책상에 들어 올리면 된다. 보통 두 팔은 5시와 7시 방향이 되며, 손목과는 Y 형태가 되며 지면과는 수직보다는 약간 몸쪽으로 기울어진 60도에서 80도 범위에 있게 된다.

이렇게 되었을 때 연필을 이간혈에 오게 잡으면 4시 방향이 되며 이에 따른 왼손의 협응 방향은 8시 방향이 된다.

손목의 바른 각도를 위해서는 두 손이 이루는 팔의 각도가 중요하다. 두 팔의 각도는 60도에서 80도를 이루어야한다. 그래야 오른손 손목의 각도가 바르게 나올 수 있다. 손목의 각도는 자연스럽게 팔을 내렸을 때 나오는 손목의 각도를 책상위에 팔의 각도 60도에서 80도 사이가 되게 하면 된다. 이렇게 되면 연필의 방향은 4시 방향이 되며 이에 상응하는 왼손은 8시 방향으로 협응을 이룬다.

　　이 손목의 각도가 나오면 '손가락의 세로운동', '손가락 까닥이기', '손의 가로 회전운동'을 쉽게 할 수 있다. 손목이 아프지 않고 자연스러운 진행으로 이루어지며 '손의 평행 운동'이 용이해진다.

　　- 손의 위치 : 글씨의 진행 위치에 따른 바른 손의 위치를 생각해야 한다.

九(Ⅸ). 글씨를 쓸 때 손, 펜, 종이에 전해지는 과학적 힘의 종류와 과학적 원리

　바른 연필잡기에 필요한 여러 가지 힘과 힘의 원리에 대하여 기본적으로 느낌은 있어야 설명하거나 시범을 보일 때나 지도하거나 이해가 필요할 때 유익하다. 이것은 운동 역학(생체 역학)을 알고 있어야 하는 전문적인 영역이므로 우리가 과학 교과나 일상 생활에서 상식적으로 접할 수 있는 선에서 정리한다.

　바른 연필잡기를 하고, 선을 긋는 과정에서 힘과 토크가 사용된다. 손가락 관절과 근육에 힘이 작용한다. 힘은 밀고 당기고 비틀어지는 현상과 비슷한 선형의 효과이다. 힘은 크기와 방향의 성질이 있고 작용선과 작용점의 특성이 있다. 바른 연필잡기에 사용되는 손가락 각 부분에는 여러 가지 힘이 작용하고, 벡터 합성기술은 상호작용하는 힘의 크기와 방향을 이해하는데 필요하며, 합력을 이해할 수 있어야 한다.

　힘이 작용할 때 3가지 동작이 일어난다. **병진(竝進:선운동), 회전(각운동), 혼합(선운동과 각운동이 혼합된 일반운동)**이다. 힘이 작용할 때 무게 중심을 지나면 선운동을 만들고, 무게 중심을 지나지 않는 힘은 선운동, 각운동, 혼합운동을 만든다.

　힘의 회전효과를 나타내는 용어가 있는데 토크 또는 힘 모멘트라고 한다.

　힘과 토크는 학문적으로 어려운 말인데 우리가 물건을 들 때, 팔을 쭉 펴고 드는 것보다는 약간 구부리면 처음 보다는 편하고, 팔의 각도를 최대한 좁히면 훨씬 편하다는 것을 알 수 있는 원리와 비슷하다. 적정하게 하면 정교하게 빠르게 할 수 있지만 각도가 좁아지면 둔해진다.

바른 연필잡기와 관련해서는 다음과 같은 현상을 알 수 있다.

엄지, 검지, 중지가 적정선(황금 위치)에서 펴질수록 힘이 엉성해지고 유격이 늘어난다. 손바닥 쪽에서 멀어진다는 의미이다. 엉성해지기 때문에 다른 힘을 무리해서 써야하며, 손 뿐만 아니라, 온 몸의 균형이 깨진다.

엄지, 검지, 중지가 적정선(황금 위치)에서 오므라질수록 힘이 많이 들어가고 유격이 줄어든다. 손바닥 쪽으로 가까워진다는 의미이다. 무리하게 손가락을 당기면서 힘이들어가며, 손이 아프기도 하며, 적정하지 않은 곳에 힘을 많이 써서 힘의 균형이 무너지며 빨리 피곤하거나, 집중을 오래하지 못한다.

뉴톤의 3가지 운동법칙이 바른 연필잡기에도 사용된다.

제1법칙 : 관성의 법칙, 제2법칙:가속도의 법칙, 제3법칙:작용-반작용의 법칙

바른 자세를 취하고, 왼손과 오른손의 협응, 획을 긋거나, 멈출 때 등에 사용된다.

해부학적으로 근육과 관절도 중요하다. 관절(손가락)이 너무 펴지면 근육에 힘이 들어가기 힘들어 진다. 관절(손가락, 손목)이 너무 꺾여 있어도 운동을 할 수 있는 유격이 사라진다.

지문의 사용도 중요하다. 지문이 물체 표명의 마찰력을 높여 미끄럼을 방지해 무언가를 더 단단히 붙잡을 수 있다. 엄지와 검지는 지문을 많이 사용해서 잘 미끄러지지 않지만 중지는 지문보다는 피부를 많이 사용한다. 중지는 피부의 마찰력과 공학적, 역학적 힘이 적용된다.

과학적 지식을 바탕으로 설명해야하지만 역량의 부족으로,
바른 연필잡기에 관련된 힘과 관련된 핵심 단어를 적었다.

운동역학, 생체역학, 작용점, 힘, 토크, 뉴턴의 운동법칙, 벡터, 지렛대, 마찰력, 합력, 원심력, 회전력, 가속도, 축, 축바퀴의 원리, 협응, 아치의 원리, 콤파스의 원리, 지렛대의 원리, 협력, 합력, 작용 반작용(왼손과 오른손), 탄성, 크랭크축, 기차 바퀴 등

바른 연필잡기를 이해할 때 이렇게 다양한 과학적 원리가 사용된다는 것을 이해하면 바른 연필잡기를 이해하기가 쉽다.

손과 펜의 모양 및 각도 : 각도에서 오는 안정감도 있다.

연필을 잡을 때 손은 지면과 수직이라고 생각하는 경우가 많으나, 조금만 생각해 보면 연필이 있는 쪽으로 지면과 예각을 이루고 있는 것을 유추 또는 발견할 수 있다.

그래서 연필과 손이 어느 정도 힘의 균형을 이루고 있다. 건축학적으로 보면 일종의 아치 형태라고 생각할 수 있다. 콤파스의 원리와 비슷하다.

몸통과 어깨가 이루는 아치

어깨와 팔꿈치가 이루는 아치

양 팔목이 주는 안정감

쓰는 손과 받치는 손의 미묘한 합력의 관계
  - 여기는 8시 방향과 4시 방향을 대표할 수 있다.

약지와 소지가 약간의 벽돌처럼 쌓여서 비스듬한 모양을 이루고 있다. 어찌보면 미세한 건축의 일부라고까지 할 수 있다.

손날 쪽은 마찰력이 작용하는데, 손날 안쪽 바닥과 소지 두 번째 마디가 마찰력을 받는 부분이다.(여기는 마찰력의 사용이 추가된다.)

여기까지가 모양 및 각도에서 오는 아치의 원리 또는 콤파스의 원리이다.

힘의 원리 : 힘의 원리를 이해하면 바른 연필잡기가 쉬워진다.

병진 운동 : 글씨의 진행에 따라서 손이 동일한 모양으로 움직여야 한다.
회전 운동 : 글씨를 쓰면서 손목, 손가락 관절, 손가락 끝 등에서 발생한다.
혼합 운동 : 글씨를 쓰면서 연관된 신체기관에서 나타난다.
원심력이 작용한다. 펜 끝과 손가락 끝, 손목 등....
콤파스의 원리와 함께 회전 운동으로 인한 회전력이 발생한다.
지렛대의 원리도 작용한다.
축바퀴의 원리도 작용한다.
힘의 합력의 원리도 많이 작용한다.
    - 손목,
    - 어깨,
    - 팔 꿈치 등
세로 운동, 빗금 운동, 사선 운동, 힘의 합력 등.
연필 두께에 의한 마찰력 등.
연필 두께에 의한 합력 등.
연필 두께에 의한 축바퀴의 원리 등.
종이에 가해지는 마찰력 : 만년필 사용을 권하며 최소한 F촉 정도의 얇은 펜촉을 사용해야 한다. 이렇게 가늘어야 마찰력으로 인하여 펜촉 끝에서 원심력과 가속도가 발생하며, 흐름과 결을 이해할 수 있다. 이 원리를 이용해서 국가 정상 간의 중요한 서명을 할 때 두꺼운 펜촉을 사용한다. 웬만하면 서명을 잘 할 수 있기 때문이다.
작용 반작용의 법칙 : 왼손으로 종이를 잘 누르고 있으면, 글씨를 쓰면서 오른손이 진행하기 쉬워진다.

해부학 및 근육 역학(운동 역학, 생체 역학) : 인체의 작동 원리

엄지 손가락 관절의 각도 : 너무 펴지거나 접혀도 빠르게 움직일 수 없다.

검지 손가락과 중지 손가락 : 엄지 손가락과 관련해서 길이와 두께로 인하여 힘의 차이가 발생한다.

손목과 팔뚝 : 손목이 팔뚝에 안정적으로 있어야 한다. Y 구조이다. 이렇게 되어야 손목이 회전운동을 하면서 가로획을 쉽게 그을 수 있다.

팔뚝과 팔꿈치 : 팔뚝의 위치는 팔뚝 가운데 부분이 책상 모서리에 위치하면 된다. 자연히 팔 꿈치는 책상 밖에 위치하게 된다. 팔꿈치가 책상 위에 오면 자세가 너무 구부정해지고, 눈이 종이와 가까워지며, 글씨가 진행됨에 따라서 손목의 각도가 틀어진다. 즉 손목은 일정한 형태로 계속해서 있어야 하는데 그것이 무너지는 것이다. 결국 집중을 오래 할 수가 없다.

여기는 바른 연필잡기를 할 때 손가락에서 중요하게 생각되는 부분의 명칭을 적었다.

- 손허리손가락관절 : 집게 손가락의 셋째 손허리뼈(Head:머리)와 몸쪽 손가락뼈(Base:바닥)와 관절을 이룬다. Head(머리)와 Base(바닥)이 만나는 부분을 중수관절이라고 한다. 이 부분에 이간혈과 삼간혈이 있다.

- 새끼 손가락 : 기준을 세워 주며, 오른손 왼손이 협응을 이룬다.
    중간마디뼈
    깊은 손가락 굽힘근 힘줄
    새끼 벌림근, 짧은 새끼 굽힘근

- 관절 : 관절의 특성을 알아야 무리하게 힘을 가하지 않는다.
    손목 : 타원 관절
    팔꿉 : 경첩 관절
    손가락 관절 : 경첩 관절
    엄지 손가락 : 안장 관절

- 맞섬 근육(對立筋) : 도구를 쉽게 사용할 수 있는 근육이다. 영장류 손에 나타나는 특징으로 물건을 잡거나, 쥘 때 사용된다.
엄지 손가락의 안장 관절과 함께 중요하게 사용된다.

선의 긋기위한 운동 방향

- 세로선 : 검지 손가락을 중심으로 아래로 움직인다는 느낌.
- 가로선 : 손목을 힘의 중심으로 미세하게 움직임인다는 느낌.

※ 거의 미세하게 움직인다.

十(X). 바른 획을 긋기 위한 기본 연습
: 허공에서 연습한다. 손동작에 관한 연습

'탁월함에 이르는 바른 연필잡기의 위대한 힘! : 이론편' 의 전체적인 구성을 생각하면 흐름 상 이번 장 '바른 획을 긋기 위한 기본 연습' 의 순서는 다음 장 다음에 위치하여야 한다. 다음 장이 분량이 많고 다음 장을 실제편과 함께 연동해서 생각할 수 있도록 마지막 장에 위치시키면서 다음 장 앞인 지금 다룬다. 이해가 필요하면 다음 장과 함께 살펴보면서 연습하면 된다.

연습을 하는 방법은 바른 연필잡기 손모양을 하고 종이 위가 아닌 공중에서 연습하는 것이다. 머릿속에서 이미지화 할 수 있어서 좋다. 이 연습법은 구체적인 손모양을 이미지화 할 수 있고 머릿속에서 형상화 할 수 있어서 직접 쓰는 것과는 또 다른 장점이 있다. 운동선수들이 구체적인 자세를 익히기 위하여 머릿속에서 이미지 트레이닝을 하는 것과 비슷한 원리이다.

공중에서 연습하면서 이간혈, 중수 관절, 삼간혈 중에 이간혈이 좋은 이유, 중충혈에서 연필과의 적정한 각도, 손가락이 움직이면서 연필의 움직이는 관계 등을 알 수 있다.

※ **사전 기본 지식** : 손을 많이 움직이지 않는다. 많이 움직여도 10mm 이내에서 움직인다. 5mm면 충분한 것 같다. 이렇게 움직여도 실제로 그어지는 실제 선의 길이는 10mm 정도 된다.

손가락 위의 연필의 바른 위치 : 중지 위 (중충혈), 검지 위 (이간혈) 연필과 둔각 이등변 삼각형을 만든다.

손가락 움직임의 특성 : 엄지 손가락을 제외한 손가락의 관절과 근육은 손바닥쪽으로 당기기에 특화되어 있다. 이것은 엄지 손가락을 제외한 손가락 네 개가 서로 지지해주면서 잡아야 하기 때문이다. 다시 말하면 손가락을 손바닥 쪽이 아닌 쪽으로 움직인다는 것은 자연스럽지 않으며 자연의 법칙에 역행하는 것이고, 혹시라고 가능하면 무리하게 사용한 것이기 때문에 다른 신체 기관에 문제가 생길 수 있다. 연필잡기에서는 함께 움직이는 경향이 있다.

엄지손가락 근육과 관절의 특성 : 당기기에 특화되어 있다. 단지, 관절과 근육의 방향이 달라서 나머지 네 속가락과 거의 수직으로 움직인다.

손가락 협응 : 엄지, 검지, 중지는 합곡혈 쪽으로 당기기가 편해 보인다는 착각을 가지고 있다. 글씨를 쓸 때 세로 운동과 회전운동을 이해하여야 한다.

맞섬 근육의 이해 : 영장류 손의 특성으로 맞섬 근육이 있어서 물건을 잘 잡고, 조작할 수 있다.

손목의 움직임

손목은 자유자재로 잘 움직인다. 손목 관절이 타원 관절로서 타원 관절의 특성이 그렇기 때문이다. 종이 위에서 글씨를 쓸 때에는 세로 운동 움직임 보다는 가로 운동 움직임(손목의 회전에 의한 가속도)이 더 유리하다. 손목을 사용해서 가로획을 긋는다는 것은 콤파스의 원리가 들어가기 때문이다.

여기서도 손목을 움직일때도 손목은 가로획, 손가락은 세로획이라고 생각하면 이해하기 쉽다.

- 손목 고정, 손가락 고정 : 글씨를 쓰기 위한 기본적인 자세 확립을 위해서 연습한다. 이 연습에 어느 정도 숙달되면 손가락과 손목을 움직여서 글씨를 연습하면 된다.

- 긴선 연습 : 4시 세로, 8시 세로, 4시 가로, 8시 가로, 수식 세로, 수평 가로

손목, 손가락 움직임

- 세로 연습 : 손가락 까딱이기 : 5mm 내외의 연습

원과 반지름 둘레의 수학적 원리에 의해 5mm정도 연습하면 연필의 길이가 있기 때문에 지면에서는 실제로 6~8mm가된다.

- 사선 연습 : 손가락 까딱이며 당기기 : ㅅ, ㅈ, ㅊ, ㅎ, : 세로 연습보다 더 조금 움직인다. 한글에서 우하향 사선은 정말 짧기 때문이다. 2가지 종류가 있다. 'ㅅ, ㅈ, ㅊ'의 마지막 획과, 'ㅊ, ㅎ'의 첫 번째 획이다.

- 가로 연습 : 손목 까딱이기(회전운동이며 가속도가 붙는다.) : 손목을 미세하게 좌에서 우로 움직인다. 손목과 손가락 끝은 멀기 때문에 손목을 조금만 움직여도 손가락 끝은 많이 움직인다. 손가락 끝이 움직이는 거리는 길어야 4mm정도 되며, 이때 나타나는 선은 8mm 정도 된다.

손의 이동 연습 : 평행이동 연습

- 손목의 각도 유지와 함께 이동 : 손목의 각도는 거의 그대로 유지되어야 자세가 흐트러지지 않는다. 손목의 각도가 유지 되지 않으면, 서로 연관된 효과에 의해서 몸의 균형이 다 틀어진다.

- 팔꿈치의 세로 이동 연습 : 팔꿈치의 세로 이동은 쉬운편이다. 손목의 변화가 거의 없이 바른 연필잡기 모양을 할 수 있다.

- 팔꿈치의 가로 이동 연습 : 글씨의 진행에 따라서 움직여야 한다. 글씨 진행에 따라서 평행하게 움직여야 하는데, 글씨의 진행보다 올라가거나 내려간다. 대부분은 내려가는 경우가 많은 데 어깨에 팔이이 고정되어 있고, 글씨는 계속 진행되기 때문이다. 팔꿈치의 가로 이동이 잘 되어야 손목의 각도가 유지 된다. 손목의 각도가 유지 되어야 원심력과 가속도를 이용하여 가로획을 자연스럽게 그을 수 있다.

손가락 전체 움직이기 : 까딱 까딱

연필 한 칸씩 돌리기 : 위로 돌리는 것이 좋으나 연구가 필요함.

연필의 경우 편마모가 발생하기 때문에 꼭 필요한 동작이다.
바른 연필잡기를 한 상태에서 한 칸씩 돌리고 원래대로 바른 연필잡기가 되어야 한다.

삼각 연필이 의외로 좋음

2가지 방법이 있다. 엄지 손가락을 아래로 당겨 아래로 한칸씩 돌리기와 엄지 손가락을 위로 밀어 위로 한 칸씩 돌리기 방법이다.

연필 한칸씩 돌리기도 시행착오의 결과로 정립되었다. 처음에는 아무 생각없이 돌렸다. 방향을 생각하니 엄지 손가락을 아래로 당겨 아래로 한칸씩 돌리기의 방법을 사용했다. 별 생각없이 했는데, 어느 정도 불편함이 없이 되었다. 그러다 '꼭 아래로만 돌려야 할까?' 하는 생각이 들어 위로도 돌려봤다. 그랬더니 여전히 잘 되었다. '그냥 아무 방향에 상관없이 편하게 돌려도 될까?' 하는데 고민의 시간이 필요했다. 결국 위로 돌리는 것을 선택했다. 이유는 다음과 같다. 중력, 만유인력이라는 자연의 법칙이 적용되었다.

아래로 돌리면 다시 위로 올려야 한다. 이때 동작이 더 어렵다. 아래로 돌리면서 중력의 영향으로 편하게 내려온다. 다시 끌어 올리는데 위로 돌리는 것에 비해 힘이 많이 들어간다.

위로 돌리면 이때 힘이 들어가지만, 손이 편한 상태에서 올리는 동작이라서 아래로 내린 후 올리는 동작에 비해 수월하다. 그리고 올라간 상태에서 내려오는 가속도 등을 활용하여 바른 자세로 회귀할 수 있다.

十一(XI). '탁월함에 이르는 바른 연필잡기의 위대한 힘! : 실제편' 실습 교본의 설명

바른 연필잡기는 바른 습관이며,
한번 몸에 밴 바른 습관은 호흡과 같이 자연스럽다.
특별한 노력 없이 장점을 얻을 수 있다.
바르게 글씨쓰기와 예쁘게 글씨쓰기는 다르다.
바른 연필잡기를 통해 공부의 선순환을 만드려는 것이다.

바른 연필잡기를 위해 필요성부터 시작하여 위대한 사람들의 바른 연필잡기를 하고 있는 다양한 예시자료와 과학적 원리를 통하여 많은 부분을 설명했다. 이제 실제 바른 연필잡기를 완성할 수 있는 실습 교본에 대한 설명을 한다.

실습 교본에는 설명을 간단하게 넣었는데, 실습 교본의 설명이 길어지면, 두꺼워져서 연습하기에 불편해지기 때문이다. 그래도 실습 교본의 각 장마다 핵심원리는 간단하게나마 설명을 했다.

바른 연필잡기를 성공할 수 있도록 많은 고민이 들어갔다. 바른 연필잡기는 가르치거나 배우려면 많이 힘들어 한다. 그래서 학생들의 바른 연필잡기가 단계적으로 발전할 수 있도록 연습할 수 있게 고안하였다. 이번 장은 다른 장과는 다르게 실습편 교본의 순서에 맞춰 교본의 편성 방법에 따라 구성하여, 실습 교본을 사용했을 때 구성과 내용의 혼동을 최소화 하려고 했다. 그래서 순서가 다시 로마자 숫자로 시작한다. 이론편과 실습편의 구분을 위해서 이론편에서 각 장의 시작에서 표시한 한자는 생략했다.

실습 교본은 지금까지 고려되었던 상황을 중심으로, 기본부터 응용까지 나름대로 가장 쉽게 바른 연필잡기를 할 수 있도록 순서와 체계를 두어서 구성하였다. 바른 연필잡기를 하면서 쉬운 부분은 간단하게, 쉽게, 빠르게, 어려운 부분은 집중적으로 연습하면 된다. 우리가 접하는 초등 국어 활동 또는 다른 많은 펜글씨 교본처럼 선 연습을 조금 연습하고 글씨 연습을 하는 것이 아니다. 바른 연필잡기, 바른 자세를 만들기 위해 구조화되고 계획화된 선연습을 통하여 어떤 상황에서도 바로 바른 연필잡기, 바른 자세로 되는 것이다. 그리고 글씨는 연습하면 된다.

　　연습 방법은 바른 연필잡기를 위한 단계, 실제 사용되는 획을 위한 단계, 흐름과 결을 느끼기 위한 단계, 실제 글씨 연습 단계를 만들어 구체화, 체계화, 과학화 시켰다. 그리고 연습하기 전에 각 연습 방법에 대한 개괄적인 설명, 의도, 원리 등을 넣어 효과적인 지도 및 연습이 되도록 하였다. 의도, 원리를 알고 있으면 바른 연필잡기를 쉽고 빠르게 완성하는 데 많은 도움이 된다.

　　이렇게 단계별로 연습 하는 과정 중에 실제 글씨 연습 단계가 있다. **예쁘게 글씨를 쓰려고 하는 오류**에 빠질지도 모른다. 예쁜 글씨쓰기라는 오류에 빠지지 않게 하기 위해 다시 한번 강조한다. 바른 연필잡기를 통한 생각의 구조화를 할 수 있는 준비를 하는 것이다. 바른 연필잡기를 통해 글씨를 예쁘게 쓰려는 것이 아니다. 예쁘게 쓰려는 것은 예술의 영역이다. 예쁘게 쓰는 것도 좋지만, 예쁘게 쓰는 것에 집중해서 창의성을 양보하는 것은 주객이 전도되는 것이다. 시간과 노력과 에너지도 많이 소요된다.

연습의 구성은 밑의 예시와 같이 연습하는 내용과 날짜를 구분하여 점진적으로 발전 상황을 알 수 있게 하였다.

1-1. 4시 방향 세로 사선 연습 : 적당한 연습 손의 세로 이동 연습	202 . . ( ) 이름 :

연습하는 페이지 상단에 아래의 예시와 같이 꼭 잊으면 곤란한 것을 넣었다. 연습하면서 참고하면 된다.

 바른 연필잡기의 파란 삼각별을 생각하며, **만년필은 4시방향이** 되게 〈TBW〉

연습을 체계화하기 위한 5가지의 순서로 구조화 하였다.

- 기본 바른 연필잡기 손 모양 만들기 : 10단계
- 응용 바른 연필잡기 손 모양 만들기 : 11단계
- 흐름과 결 느끼기 : 永 我 연습하기
- 글씨 연습 : 숫자
- 글씨 연습 : 한글

한눈에 봐도 알 수 있듯이 바른 연필잡기 손모양을 위해서 세세하게 단계를 나누었다. 바른 연필잡기를 연습하면서 최소 30분 정도는 바르게 앉아서 연습하면서 집중하는 능력을 키우면 좋겠다.(바른 연필잡기 연습을 30분 하라는 것이 아니다.) 그리고 바른 연필잡기 자세에서 나오는 힘이 다른 영역으로 확장되는 선순환 구조를 느꼈으면 좋겠다.

손 모양 만들기를 많은 부분 할애하였다. '흐름과 결 느끼기'까지가 손 모양 만들기 영역이다. '글씨 연습 : 숫자'는 양도 적도 숫자의 변화도 간단하기 때문에 쉽다. 숫자에 대한 것은 실습편에 자세하게 강조하여 설명하였으니 참고하면서, 꼭 연습하기를 바란다. 바른 연필잡기를 하면서 바른 자세로 숫자를 잘 쓰는 것은 공부하는데 있어서 정말 가성비가 뛰어나다.

Ⅰ. 기본 선연습 : 긴 선 연습을 통한 바른 연필잡기 훈련

바른 연필잡기 자세와 필력을 손에 힘을 빼면서 자연스럽게 선을 긋기 위하여 고려하였다. 바른 연필잡기를 못하는 학생들에게 중요하며, 처음 배우려는 학생들에게도 중요하다. 바른 연필잡기 손모양이 바르게 유지되도록 신경을 쓰며, 연습 하면서 손가락 당기기, 손목 돌리기를 하지 않아야 한다.

1. 4시 방향 우하향 4cm 사선 그리기 연습 : 손모양 고정

연필을 바르게 잡으면 종이 위에서 손으로 잡고 있는 연필이 4시 방향을 만든다. 이때 여기에서 손모양이 흩뜨러지지 않으며 그릴 수 있는 선이 4시 방향의 사선이다.

길이를 4cm 정도로 한 이유는 손모양을 고정하고 선을 그려야 하기 때문이다. 4cm 정도의 길이는 되어야 손모양이 틀어짐을 알 수 있다. 너무 짧으면 연습할 때 손모양이 만들어지지 않고, 손가락 당기기나, 손목 돌리기를 이용하여 그릴 수 있다. 손가락 당기기나 손목 돌리기를 이용하여 선을 그리는 것은 바른 연필잡기의 자세를 흩뜨리는 나쁜 모습의 대표적인 동작이다.(바른 연필잡기가 완성되고 실제 글씨를 쓸 때에는 1mm 내외의 손가락 당기기나 손목 돌리기를 한다.)

1단계는 위에서 아래로 진행하면서 연습한다. 손과 팔과 어깨의 구조상 아래로 연습하는 것이 정형화하기 쉽다.

2. 8시(2시) 방향 우하향 4cm 사선 그리기 연습 : 손모양 고정

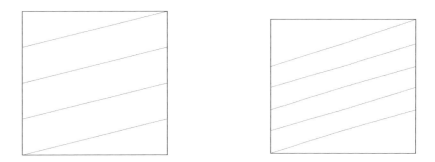

　　연필을 바르게 잡으면 종이 위에서 손으로 잡고 있는 연필이 4시 방향을 만든다. 이 손모양을 가지고 가로선을 연습해야하는데, 안정적인 가로선을 그리기 위한 전단계로 8시(2시) 방향 우상향 4cm 사선 그리기를 연습한다. 길이를 4cm 정도로 한 이유는 바른 연필잡기 손모양을 고정하고 선을 그려야 하기 때문이다. 4cm 정도의 길이는 되어야 손모양이 틀어짐을 알 수 있다. 너무 짧으면 연습할 때 손모양이 만들어지지 않고, 손가락 당기기나, 손목 돌리기를 이용하여 그릴 수 있다. 손가락 당기기나 손목 돌리기를 이용하여 선을 그리는 것은 연필잡기의 자세를 방해하는 나쁜 모습의 대표적인 형태이다.

　　2단계는 위에서 아래로 진행하면서 연습한다. 손과 팔과 어깨의 구조상 아래로 연습하는 것이 정형화하기 쉽다.

3. 4시방향 옆으로 연습 : 손모양 고정

　　여기에서 손모양이 흩뜨러지지 않으며 그릴 수 있는 선이 4시 방향의 사선이다.

　　길이를 4cm 정도로 한 이유는 손모양을 고정하고 선을 그려야 하기 때문이다. 4cm 정도의 길이는 되어야 손모양이 틀어짐을 알 수 있다. 너무 짧으면 연습할 때 손모양이 만들어지지 않고 손목을 이용하여 그릴 수 있다. 손목을 이용해서 선을 그리는 것은 연필잡기의 자세를 흩뜨리는 나쁜 모습의 대표적인 동작이다.

　　3단계는 좌에서 우로 옆으로 진행하면서 연습한다. 우리가 보통 쓰는 글씨는 옆으로 진행하기 때문이다. 1, 2 단계에서 어느 정도 연습이 되면서 바른 연필잡기 손모양이 이루어지면 좀 더 글씨를 쓰기 위한 실제적인 연습을 하는 것이다.

계속해서 손이나 손목의 모양이 변하지 않도록 연습해야 한다. 처음 시작하는 간격과 끝 마무리 하는 간격이 일치하도록 유의한다.

손목 돌리기나, 손가락 당기기가 발생하지 않도록 해야한다.

4. 8시(2시)방향 사선 그리기 옆으로 연습 : 손모양 고정

여기에서 손모양이 흐뜨러지지 않으며 그릴 수 있는 선이 8시(2시) 방향의 사선이다.

길이를 4cm 정도로 한 이유는 손모양을 고정하고 선을 그려야 하기 때문이다. 4cm 정도의 길이는 되어야 손모양이 틀어짐을 알 수 있다. 너무 짧으면 연습할 때 손모양이 만들어지지 않고 손목을 이용하여 그릴 수 있기 때문이다. 손목을 이용해서 선을 그리는 것은 연필잡기의 자세를 흐뜨리는 나쁜 모습의 대표적인 형태이다.

4단계는 좌에서 우로 옆으로 진행하면서 연습한다. 우리가 보통 쓰는 글씨는 옆으로 진행하기 때문이다. 1, 2 단계에서 어느 정도 연습이 되면서 글씨를 쓰기 위한 실제적인 연습을 하는 것이다.

계속해서 손이나 손목의 모양이 변하지 않도록 연습해야 한다. 처음 시작하는 간격과 끝 마무리 하는 간격이 일치하도록 유의한다.

손목 돌리기나, 손가락 당기기가 발생하지 않도록 해야한다.

5. 4시방향 사선 8시(2시)방향 사선 연속해서 옆으로 그리기 연습 : 손모양 고정

기본적인 아래쪽 방향, 오른쪽 방향 사선 그리기를 하고, 손의 형태를 유지하며, 종이의 끝까지 연습하는 방법이다. 글씨가 일정한 방향이 있는 것이 아니라, 쓰면서 흐름과 결의 방향이 바뀌기 때문이다.

손의 구조와 역학적 힘의 관계와 도구의 특성을 살펴 보면 <u>난이도는 우하향 후 우상향하는 것이 쉽다.</u>

계속해서 손이나 손목의 모양이 변하지 않도록 연습해야 한다. 처음 시작하는 간격과 끝 마무리 하는 간격이 일치하도록 유의한다.

손목 돌리기나, 손가락 당기기가 발생하지 않도록 해야한다.

6. 8시(2시)방향 사선 4시방향 사선 연속해서 옆으로 그리기 연습 : 손모양 고정

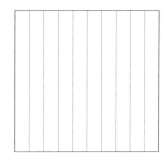

기본적인 아래쪽 방향, 오른쪽 방향 사선 그리기를 하고, 손의 형태를 유지하며, 종이의 끝까지 연습하는 방법이다. 글씨가 일정한 방향이 있는 것이 아니라, 쓰면서 흐름과 결의 방향이 바뀌기 때문이다.

손의 구조와 역학적 힘의 관계와 도구의 특성을 살펴 보면 **난이도는 우상향 후 우하향하는 것이 우하향 후 우상향 하는 것보다 어렵다.**

계속해서 손이나 손목의 모양이 변하지 않도록 연습해야 한다. 처음 시작하는 간격과 끝 마무리 하는 간격이 일치하도록 유의한다.

손목 돌리기나, 손가락 당기기가 발생하지 않도록 해야한다.

7. 세로 긴 선 연습 : 손모양 고정

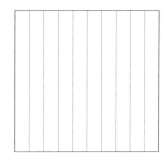

한글을 쓰는 것은 수직 세로선과 수평 가로선을 기본으로 한다. 그래서 수직 세로선과 수평 가로선을 많이 연습해야 하는데, 손의 구조, 글의 흐름, 결 등을 고려하며 세로선과 가로선 중 세로선을 먼저 시작하는 것이 좋다.

연습을 하면서도 손의 평행 이동을 생각해야 하며, 평소 글이 써지는 간격과, 글자의 간격, 종이의 낭비 등도 고려하였다.

길이는 손가락 당기기, 손목 돌리기, 손목 꺾기 등을 방지 할 수 있도록 최소한의 길이가 보장되어야 하는데 그 길이는 대략 4cm정도는 되어야 해서 4cm 정도를 하였다.

계속해서 손이나 손목의 모양이 변하지 않도록 연습해야 한다. 처음 시작하는 간격과 끝 마무리 하는 간격이 일치하도록 유의한다.

손목 돌리기나, 손가락 당기기가 발생하지 않도록 해야한다.

8. 가로 긴 선 연습 : 손모양 고정

한글을 쓰는 것은 수직 세로선과 수평 가로선을 기본으로 한다. 그래서 수직 세로선과 수평 가로선을 많이 연습해야 하는데, 손의 구조, 글의 흐름, 결 등을 고려하며 세로선과 가로선 중 세로선을 먼저 시작하는 것이 좋다.

가로선은 세로선에 비해 그리기가 어렵다. 손가락, 손, 손목, 팔, 어깨, 몸통 등의 역학관계가 세로선에 비해 더 복잡하며, 사용되는 힘의 분배도 다르다.

실제 글씨를 쓸 때 세로선은 손가락 근육의 진행방향에 맞추어 글씨를 쓴다면, 가로선은 손목 돌리기를 필요로 하기 때문이다.

연습을 하면서도 손의 평행 이동을 생각해야 하며, 평소 글이 써지는 간격과, 글자의 간격, 종이의 낭비 등도 고려하였다.

길이는 손가락 당기기, 손목 돌리기, 손목 꺾기 등을 방지 할 수 있도록 4cm 정도를 하였다.

계속해서 손이나 손목의 모양이 변하지 않도록 연습해야 한다. 처음 시작하는 간격과 끝 마무리 하는 간격이 일치하도록 유의한다.

손목 돌리기나, 손가락 당기기가 발생하지 않도록 해야한다.

손가락 당기기의 크게 3가지 종류가 세로 당기기, 가로 당기기, 몸쪽 당기기로 볼 수 있다. 여기서 가볍게 설명하지만 응용 선연습에 아주 중요한 기본 개념이다.

　- 세로 당기기 : 세로선을 그을 때 사용한다. 마지막에 펜을 들면서 가속도로
 선을 그어야 한다.
　- 가로 당기기 : 가로선을 그을 때 사용한다고 생각할 수 있다. 가로 당기기는
사용하지 않는다. 가로 당기기가 사용되는 모든 것이 다 틀어졌다고 보면된다. 가로
선은 원심력, 회전력, 가속도를 이용해서 그린다.
　- 몸쪽 당기기 : ㅅ ㅈ ㅊ ㅎ 등에 사용된다. 당기기 보다는 가볍게 점을 찍는다
고 생각해야한다. 여기에도 미세한 가속도가 붙기 때문이다. 흐름과 결이 발생한다.

II. 응용 선연습 : 실제를 위한 연습

이제 까지 연습은 손가락, 손목, 손, 팔, 어깨 등의 큰 역학 관계를 위한 연습이었다면 이제는 손가락과 손목을 활용하는 연습이다. 그래서 손가락과 손목의 움직임에 주목하였는데, 손가락은 세로 손가락 당기기, 손목은 가로 손가락 당기기 대신 손목 미세하게 회전하기가 사용된다. 손바닥 쪽 손가락 당기기도 있는데 'ㅅ, ㅈ, ㅊ, ㅎ'등에 사용되어서 연습하기가 난해하다.

보통의 성인이 실제로 글씨를 쓰면 대부분의 글씨 크기는 1cm를 넘지 않는다. 6학년 교과서에 등장하는 대부분의 글자는 10mm범위 안에 있다. 그래서 6mm에서 8mm정도의 세로선을 연습한다.

간혹 학생들에게 1cm가 넘는 큰 글씨를 쓰게 하는 것은 학생의 신체 발달과 손의 크기를 고려하면 불합리한 것 같다는 생각이 든다. 학생들은 큰 글씨를 써야 한다는 학설이 교육계나 학계에 전설처럼 대부분 생각하고 있지만, 이것은 심각하게 고려해 봐야 할 듯하다.

학생들에게 어린이용 자전거를 타게 하거나, 어린이용 가위를 사용하거나, 어린이용 수저를 사용하거나, 어린이용 바이올린을 켜는 것 등 많은 영역에서 어린이를 배려하지만 글씨 쓰는 크기는 그것을 고려하지 않는 느낌이다.

학생의 손의 크기와 손가락의 크기를 고려하면 적당한 원심력, 회전력, 역학 방향 등을 고려한 적절한 크기가 연구 될 것 이다.

많은 실험과 연구와 고민 끝에 6mm에서 8mm 정도라고 결론을 내렸다.

1. 8mm 세로선 연습

손목 돌리기나, 손가락 손바닥 쪽으로 당기기가 발생하지 않도록 해야한다. 세로선 연습에서 손목 돌리기는 거의 발생하지 않아야 한다. 연습이 좌에서 우로 이동하면서 손목을 돌리기 않고, 손을 이동시킨다. 2~3개 정도 쓰면서 손을 옮기면 된다.

선을 그을 때 처음부터 끝까지 골고루 힘을 들여서 연습하기도 하고,

한글을 쓰기 위해서는 선을 끝까지 그리지 않고 가속도를 이용해서 펜을 들면서 선을 완성한다.

세로선 연습을 위해 고안한 과정이다. 틀을 생각하기까지도 오래 걸렸고, 초기에서 완성까지도 많은 시간이 소요되었다.

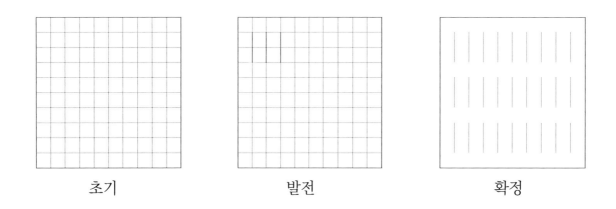

초기   발전   확정

세로선의 길이는 6mm에서 8mm정도가 적당해 보여서 8mm로 했으며, 글씨의 크기와 간격을 고려하여 우측으로 진행하며 2개나 3개씩 그리고 손을 이동한다. 이렇게 이동하는 것은 글씨를 쓸 때 손을 우측으로 이동하지 않고 손목을 꺾어 글씨를 쓰는 경우가 많은데, 손목이 꺾이면 작용하는 힘이 역학 관계상 좋은 모양과 자세가 나오지 않는다.

학생들의 손가락이 짧기 때문에 6mm~8mm 정도의 선을 연습하는 것이 좋다. 세로선은 직선운동의 개념이 강하므로 먼저 연습한다. 손가락 관절과 근육도 세로선을 연습하기에 적당하다.

손은 중심이 잡혀있고, 손가락 세로 당기기를 이용하여 연습한다. 종이 위에 세로 8mm의 선이 그려지기 때문에 실제 손가락이 움직이는 동선은 훨씬 짧다. 글씨를 쓰기 위한 본격적인 손가락의 활용이다. 손목이 꺾이지 않도록 주의한다.

우선은 3개씩 쓰고 이동하였는데, 이해하기 쉬우며, 제작한 연습방법에 적합하게 3.3.3 연습방법으로 이름지어서 연습했다. 본인의 선택에 따라 2개씩 연습하고 이동하여도 된다.

연습을 하면서 손모양이 변하기 않고 계속해서 일정한 간격을 유지하며 평행이동
해야 한다.

2. 8mm 가로선 연습

미세한 손목 돌리기가 발생한다. 1mm 내외의 미묘한 동작이다. 손가락이 손바닥
쪽으로 당기기가 발생하지 않도록 해야한다. 손목은 1mm 내외, 손가락 끝은 5mm
내외로 움직여야 실제 선은 6mm~8mm 정도 나온다. 가속도와 원심력이 들어간
다.
세로선 연습을 위해 고안한 과정이다. 틀을 생각하기까지도 오래 걸렸고, 초기에
서 완성까지도 많은 시간이 소요되었다.

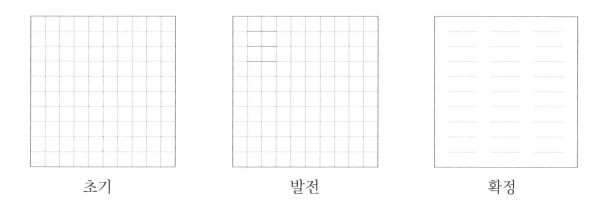

| 초기 | 발전 | 확정 |

가로선의 길이는 6mm에서 8mm정도가 적당해 보여서 8mm로 했으며, 글씨의
크기와 간격을 고려하여 아래로 진행하며 2개나 3개씩 그리고 손을 이동한다. 이렇
게 이동하는 것은 글씨를 쓸 때 손을 아래로 이동하지 않고 손가락을 당기거나, 손
목을 꺾어 글씨를 쓰는 경우가 많은데, 손가락을 당기거나, 손목을 꺾으면 작용하는
힘이 역학 관계상 좋은 모양과 자세가 나오기 않는다.
학생들의 손이 짧기 때문에 6mm~8mm 의 선을 연습하는 것이 좋다. 가로선은 회
전운동의 개념이 강해서 힘의 중심을 이해해야 한다.
손은 중심이 잡혀있고, 손의 미세한 회전운동을 이용하여 연습한다. 종이 위에 가
로 8mm의 선이 그려지기 때문에 실제 손가락이 움직이는 동선은 훨씬 짧다. 글씨
를 쓰기 위한 본격적인 손목의 미세한 활용이다. 손목을 쓴다고 하나 움직이는 유
격은 1mm도 되지 않는다. 손목을 아주 미세하게 사용하는 느낌이다. 손목이 꺾이
지 않도록 주의한다. 세로선에 비해 그리기가 어렵다.

연습을 하면서 손모양이 변하기 않고 계속해서 일정한 간격을 유지하며 평행이동
해야 한다.

　　우선은 3개씩 쓰고 이동하였는데, 이해하기 쉬우며, 제작한 연습방법에 적합하게
3.3.3 연습방법으로 이름지어서 연습했다. 본인의 선택에 따라 2개씩 연습하고 이
동하여도 된다.

3. 혼합연습

　어느 정도 익숙해지면, 혼합형을 사용하면 된다.

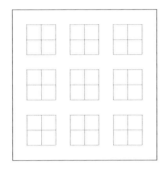

혼합형 확정

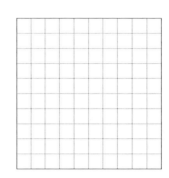

혼합형 초기

　　우선은 3개씩 쓰고 이동하였는데, 이해하기 쉬우며, 제작한 연습방법에 적합하게
3.3.3 연습방법으로 이름지어서 연습했다. 본인의 선택에 따라 2개씩 연습하고 이
동하여도 된다.

4. ㄴ 연습

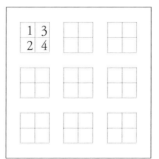

한글의 특성상 ㄴ과 ㄱ이 많이 나오는 데 'ㄱ과 ㄴ'이라고 하지 않고 'ㄴ과 ㄱ'이라고 하지 않은 이유는 ㄴ이 ㄱ 보다 그리기가 쉬워서 먼저 연습해야 교육적 효과가 좋기 때문이다. 한글 자형의 진행을 살펴보면 의 순서로 연습하는 것이 좋다.

손가락 당기기, 손목 돌리기가 심하게 사용되면 곤란하다. 1mm이하이다.

5. ㄱ 연습

 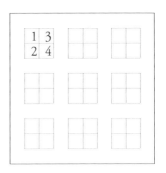

한글의 특성상 ㄴ과 ㄱ이 많이 나오는 데 'ㄱ과 ㄴ'이라고 하지 않고 'ㄴ과 ㄱ'이라고 하지 않은 이유는 ㄴ이 ㄱ 보다 그리기가 쉬워서 먼저 연습해야 교육적 효과가 좋기 때문이다. 한글 자형의 진행을 살펴보면 의 순서로 연습하는 것이 좋다.

손목 돌리기나, 손가락 당기기가 심하게 사용되면 곤란하다. 1mm이하이다.

6. **／** 연습   ㅅ, ㅈ, ㅊ 의 7시 방향 사선 연습

 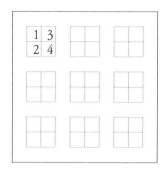

　　선의 진행 방향이 역행이라 조금 어렵다.
　　선을 그을 때 처음부터 끝까지 골고루 힘을 들여서 연습하기도 하고,
　　한글을 쓰기 위해서는 선을 끝까지 그리지 않고 가속도를 이용해서 펜을 들면서
선을 완성한다. 세로선이나 가로선에 비해 선이 매우 짧기 때문에 순간적으로 일어
나는 것이다. 원리를 알고 있으면 쉽게 할 수 있다.

7. **＼** 연습 : ㅅ, ㅈ, ㅊ 의 마지막 획 연습

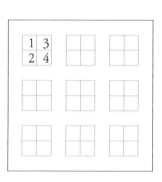

　　손가락 당기기가 들어간다. 손가락 끝이 거의 움직임이 없지만, 바른 연필잡기를
위해 연습이 필요하다. 손가락 당기기라기 보다는 거의 점을 찍는 느낌으로 해야한
다.

8. 짧은 ＼ 연습 : ㅎ, ㅊ 의 첫획 연습

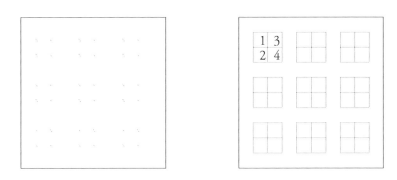

　　손가락 당기기가 들어간다. 손가락 끝이 거의 움직임이 없지만, 바른 연필잡기를 위해 연습이 필요하다. 손가락 당기기라기 보다는 거의 점을 찍는 느낌으로 해야한다. 45도 정도로 짧게 연습해야한다. 너무 크면 글자의 균형이 무너지고, 글씨가 커져서 커진 글씨에 맞추려니, 바른 연필잡기 자세가 무너진다.

9. 복합연습 : 손목 돌리기나, 손가락 당기기에 주의해야한다.

　　작은 대각선 연습 필요 : ㅅ ㅈ ㅊ ㅎ 각도를 생각해서 제작　크기는 적당한 것 같음　45도 선을 기준으로 ㅅ ㅈ ㅊ 은 자음의 위치에 따라 각이 달라지므로 필요한 각으로 연습하면 된다.

Ⅲ. 흐름 결 느끼기 : 한자 이용편(실제 연습 전단계)

1. 한자 쓰기 연습 : 한자 쓰기는 큰 글자 쓰기 연습을 통하여 운필을 연습하는 단
    계이다.

    손목 돌리기나, 손가락 당기기가 거의 발생하지 않도록 해야한다.

    永 자 쓰기 연습

    永는 永字八法(영자팔법)이라고 한자를 쓸 때 중요한 기본
글자이다. 3~4cm 크기의 글자를 연습한다. 세밀한 글자를
연습하는 것 보다는 글씨를 쓰면서 흐름, 결, 전체적인 힘의
운동, 역학적 방향, 등을 연습할 수 있다.
    연습방법은 구조화 계획화 했으니, 자신의 속도에 따라 선
택하면 된다.

    따라 쓰기, 건너서 따라 쓰기, 한 자만 따라 쓰기 등 여러 방법이 있다.

처음에는 모두 글씨를 넣었더니, 연습은 잘 되는 듯 했으나 따라하는 경우가 생겼
다. 그래서 건너 뛰어가면서 연습을 하고, 한 글자만 예시를 해 주었고, 빈 칸에 쓰

는 연습까지다.

 빈 칸에 8방위 보조선을 추가하여 비율을 정하는데 도움을 주었다. 중화권에서는
米字格이라고 한다.

我 자 쓰기 연습

 我 는 중요하다. 我 자는 永 자에 비해 획 수도 많고, 긴
획도 많다. 특히 역으로 가는 획이 많 永 자 보다 많아서 도
움이 된다.

역시 따라서 쓰는 것은 연습이 덜 될 것 같아서 빈칸을 만들었다. 8방위 보조선도 추가하였다. 중화권에서는 米字格이라고 한다.

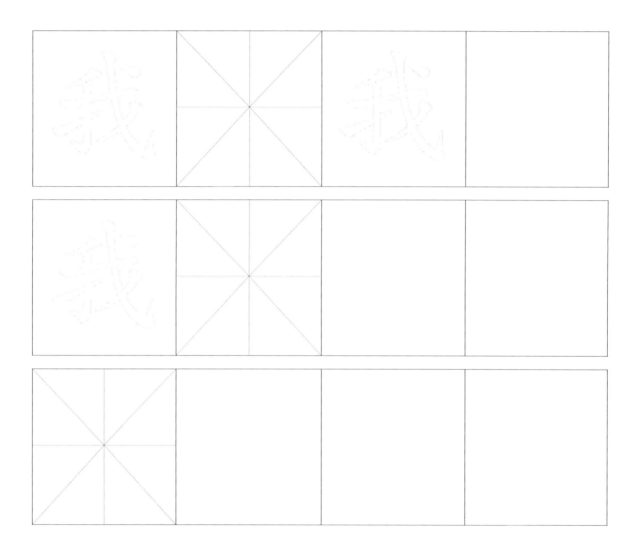

永 자와 我 자를 연습하는 것은 바른 연필잡기의 흐름과 결을 익히려고 하는 것이며 적정한 손가락, 손, 팔, 어깨 등의 신체를 바르게 사용하기 위함이다.

Ⅳ. 글씨 쓰기 연습 : 숫자편(실제 연습)

　　본격적인 바른 연필잡기의 실제이다. 실제 일반적인 상황에서 쓰는 크기와 중요도를 고려해서 숫자 쓰기를 먼저 시작한다. 숫자를 먼저 연습하는 것은 학생들이 사용하는 글자 중에 **가장 효용이 높고 필요한 것**이기 때문이다. 효용이 높다고 하는 것은 국어나 영어는 시험에 대비했을 때 우선은 글씨의 사용 빈도가 약다. 대부분 OMR카드에 마킹하는 것으로 시험이 끝난다. 숫자는 시험지의 빈 공간에 써야 하기 때문에 깨끗하게 써야 할 필요가 있다. 논술의 중요성 때문에 한글 쓰기를 중요하게 생각하지만 안타깝게도 논술은 시험의 필요 충분 조건을 만족한 다음의 차후의 문제이다.

　　이 부분의 자세한 설명은 실습편에 했다. 이론편을 읽다가 지루해서 실습하려는 사람들을 위해서이다. 실습편 숫자 쓰기 개요를 참고하기 바란다.

　　본 책에서 글자틀과 보조선은 숫자가 써지기 좋은 5mm~6mm정도의 적당한 크기의 연습을 도와줄 수 있도록 제작하였다. 처음에는 무턱대고 숫자 연습을 하였는데 적당한 크기가 있다는 것을 생각하고 찾아내었다.

- 숫자 연습 : 단순 하면서 가로 쓰기 연습이 됨
- 손의 평행이동을 할 수 있어야 함. 손목이 꺾어지면 곤란함.
- 학생들의 손의 크기를 고려하여 5mm~6mm 정도 쓰기
- 약간의 손가락 끝 움직이기 이해할 필요 있음.
- 예쁘게 쓰기가 목표가 아니라, 깔끔하게 쓰는 것임.
- 수학 시험지 여백에 문제를 해결할 수 있는 정리 능력을 키우는 것임.
- **간단한 단계이므로 꼭 습득했으면 좋겠음.**

　　각 숫자를 3단계의 보조선이 있는 칸에 맞추어 쓰면서 진행 과정에 따라 단계별로 보조선을 제거하여 궁극적으로 깔끔하게 숫자를 쓸 수 있도록 하였다.

1. 초급 : 위와 아래 보조선이 있는 칸 칸이 연습할 수 있는 모양

　　글자는 우선 윗선과 아랫선에 닿지 않고 중간에 쓰며, 위아래 가로선 보조선에 닿게 , 좌우 세로선 보조선에는 닿지 않게 한 칸에 한 글자씩 쓴다.

2. 중급 : 칸 칸이 보조선이 없는 모양

　　글자는 윗선과 아랫선에 닿지 않고 중간에 쓴다. 위아래 가로선 보조선에는 닿게 쓴다.

3. 고급 : 보조선이 없는 모양

　　숫자 쓰기의 완성형이라고 볼 수 있다. 보조선이 없으므로 윗선과 아래선에 닿지 않도록 적당하게 쓰면 된다. 글자의 높이가 일정하도록 쓴다.

V. 글씨 쓰기 연습 : 한글편(실제 연습)

한글을 연습하기 전에 **예쁘게 쓰기의 오류**에 빠지지 않도록 한다. 예쁘게 쓰는 것은 예술(기술:Art)의 영역이기 때문에 많은 시간을 필요로 하고 또한 이루기도 어렵다.

예쁘게 쓰는 예술의 영역으로 필기를 인식하는 순간 오류에 빠지는 것이다. 예쁘게 쓰려고 하는 순간 창의적인 생각을 할 수 있는 에너지와 두뇌의 공간이 소멸된다. 그래서 글씨체를 구분할 필요가 있다.

지금 시대는 창의성이 필요한 세대다. 무엇인가를 찾아내는 것이다.

글씨체의 구분

생활체(평소에 쓰는 글씨체)
예술체(생활체에 예술적 감수성을 넣은 글씨체 : 흘림체, 캘리그래피 등)
공부체(창의적인 생각을 필기로 끌어내는 글씨체 : 학습체, 생각체 등)
흘림체는 예술적 영역이 된다. 흘림체는 빠르게 쓰는 글씨가 아니다. 공부체는 머릿속의 생각을 그대로 필기해서 구조화 할 수 있어야 한다. 날려 쓰는 글씨와는 구분되어야 한다. 개인적인 사견으로는 학생들이 연습해야할 글씨체라고 생각 된다.
속기체(전문적으로 빠르게 쓰는 글씨체인데 현대 사회에서 거의 사라짐) 전문적인 영역으로 배우기도 어렵고, 사용되는 곳도 적고, 일반적인 글씨와 인지적, 시각적 입출입 과정이 다르기 때문에 논외로 한다.

> 사회적 합의가 필요하다. 공부체(창의적인 생각을 필기로 끌어내는 글씨체:학습체, 생각체 등)를 날려 쓴 글씨로, 성의 없는 글씨로 보지 않는 것이다.

많은 바른 글씨 교본을 찾아보고 학생들에게 효율적인 글씨쓰기 방법을 찾아봤다. 그러한 결과 글씨 연습하는 틀을 한글에 적합하게 교정해야 했다. 현재 교과서 등에서 이루어지고 있는 연습방법은 한문에 조금 더 적합한 연습방법이다. 글씨의 크기도 크다고 생각된다.

처음에는 무턱대고 글자 연습을 하였는데, 글씨 쓰기 연습에 적당한 크기가 있다는 것을 생각하고 찾아내었다. **여기에서는 단 2줄에 표현하였지만, 적당한 크기가 있을 거라는 생각을 하기까지 많은 시행착오가 있었다.** 이 관점에서 보면 교과서에 제시되는 어린 학생들의 글씨 크기는 너무 크다는 생각이 든다.

한글을 잘 쓰기는 숫자, 알파벳, 한자, 한글 또는 숫자, 알파벳, 한자, 한글 의 순서로 난이도가 높다. 한글을 쓰는 것은 숫자나 영어보다는 당연히 난이도가 높고, 어떻게 보면 한자 쓰기보다 어려운 것 같다. 쓰는 규칙을 찾기도 어렵고 만들기도 어렵다.

예쁘게 쓰기보다는 형식을 갖춰서 쓰기를 위해 연구하였다. 생활체나 예술체에서 벗어나 공부체(학습체, 생각체)를 연습하면 좋겠다. 한글 연습을 하기전에 숫자는 빨리 마스터 했으면 좋겠다. 숫자 쓰기는 수능에서 중요한 역할을 하기 때문이다.

도구 : 만년필 EF촉 두께, 최소 F촉 뚜껑은 꼽지 않고
자세 : 바른 연필잡기의 파란 삼각별을 생각하며
연습 : 3분법틀, 2분법틀, 모눈법틀을 적정하게 활용
생각 : 바르게 글씨를 쓴다. (예쁜 글씨 쓰기가 아니다.)
      공부체를 사용했으면 좋겠다.

한글 연습의 방법 1

한글은 가로로 진행되지만 처음에는 세로로 연습하는 것이 좋다. 그래야 적정한 비율과 자형을 찾을 수 있다.

한글 연습의 방법 2

반듯한 글자를 연습하면 조금은 쉽게 비율과 자형을 익힐 수 있다. 다만 반듯한 글자는 공부체를 구사하기 위한 전 단계이다. 여기서는 공부체까지 언급하지 않았다. 공부체를 구사하기 위해 기본 자형은 익힐 필요가 있다.

반듯한 글자를 연습한다. 말, 발, 팔 등과 같이 직각으로만 이루어진 글자는 자형을 잡기에 수월하다. 글자 뿐만 아니라, 단어도 많이 있다. 예를 들면 만년필, 볼펜, 고구마, 발바닥, 바둑, 핀란드, 로마, 파리, 런던, 파도, 나비, 바둑판, 돌, 대나무, 판다, 곰, 달, 미국, 달, 구름, 고릴라, 고래, 트롬, 틀, 태국 등이 있다.

주의할 점은 같은 'ㄱ'을 사용해도 '감'과 '곰'은 구분을 해야한다. '감'의 'ㄱ' 은

사선이 되기 때문이다.

　학생들에게 반듯한 단어를 찾아보라는 것도 창의성, 순발력 증진에 도움이 된다. 반듯한 단어 제시하기 게임도 재미있다. 의외로 많이 나온다.

한글 연습의 방법 3

　학생들의 신체적 성장에 따른 적당한 크기를 선택해야한다.

　　교과서의 글씨 쓰기는 글씨의 크기가 학생의 손의 크기를 고려하지 않았다. 너무 크다. 아동의 성장을 고려해야 한다.

한글 연습의 방법 4

　기준선도 어렵다. 기준선을 가운데에 쓰는 것은 한글의 특성상 너무 많은 기준을 나타내기 때문에 정해줘야 한다.
　그래서 기준선 또는 보조선의 위치를 교과서와 다르게 만들었다.

예쁜 글씨쓰기가 아닌
바른 연필잡기의 과정이라는 것을
계속해서 숙지해야 한다.

모눈종이에 연습하는 것이 좋다고 하는 사람들도 있어서 제작하였다.
　- 처음에는 보조선이 필요해서 보조선을 그리고 연습하였다.
　- 세로 연습 : 역시 한글을 세로로 연습해야 기준을 잡기가 쉽다.

　한글 쓰기는 우선 세로로 쓰는 것을 연습한다. 한글이나 한자를 쓰는 동양문화권은 세로쓰기에 유리하게 글자가 발전한 것 같다. 한글과 한자는 연습방식이 약간 다른 경향이 있다. 한글과 한자의 특징 때문에 글씨 연습에서 사용하는 □와 같은 정사각형 틀에서 다음과 같이 구분할 수 있다. 한글은 세로 우측 기준형 문자이고, 한자는 중앙 기준형의 문자이다.

　어려움도 있다. 세로 우측 기준형 문자이기 때문에 가로 쓰기에도 한자에 비해 어렵다.

다양한 방법이 제시 되어 있으므로 적당한 것을 선택하여 연습하면 된다. 그래도 연습 순서를 한 번 정도는 해봐서 숙달하는 과정이 있으면 좋다.

반듯한 글자는 기준 맞추기 연습에 좋다.
반듯한 글자는 생각보다 많이 찾을 수 있으며, 단어도 많이 있다. '반듯한 글자 교대로 말하기' 등의 놀이를 할 수 있다.

이제까지의 한글 쓰기의 어려움을 극복하기 위하여 한글의 특성이 반영된 연습용 틀을 제작하였다.

3분법틀, 2분법틀, 모눈법틀이다. 가장 큰 특징은 한글의 글자 기준을 세로 중심으로 생각했을 때 글자의 기준을 정중앙 가운데에서 우측으로 이동하여 'ㅣ' 모음 기준으로 옮겨서 글씨 쓰기를 연습한다. 한글의 특성상 기준이 중앙에 오는 경우의 빈도가 적기 때문이다. 세로 기준을 우측으로 옮겨서 글씨 연습을 하면 모양을 맞추는 것이 많이 수월해진다. 한문과의 가장 큰 차이이며, 교과서의 기준선을 수정해야 한다는 뜻이다.

교과서에 제시되어 있는 중앙 기준틀은 고려해야 할 사항이다. 교과서에 제시된 중앙 기준틀은 중국에서는 十字格(십자격), 田字格(전자격)이라 부른다. 중앙 기준틀은 한자에 더 적합하다. 그래서 한자에는 중앙을 고려해 米字格(미자격), 回字格(회자격), 米回字格(미회자격), 十字格(십자격), 田字格(전자격) 등의 이름으로 중앙 기준의 다양한 틀들이 발전되었다.

그래서 한글에 적합한 3분법틀, 2분법틀, 모눈법틀로 글씨를 연습할 수 있도록 하였다. 각 틀들은 한글 쓰기의 기준선을 잡기 위한 많은 보조선들이 사용되었다. 한글 쓰기의 진전도에 따라서 보조선을 삭제하여 단계를 높여서 연습할 수 있도록 구성하였다.

글씨는 'ㅁ'을 기준으로 연습해야한다. 한글 자음의 처음이 'ㄱ'이기 때문에 가, 거, 강, 검 등을 연습하면 비스듬한 획이 있어 기준을 잡는 것이 어려워 진다. 그래서 반듯한 글자인 마, 말, 물, 몸 등을 먼저 연습해야 한다. 우선 반듯하기 때문에 기준을 잡기 쉽다.

이것은 다년간 바른 연필잡기를 쉽게 완성하기 위해 연구한 결과 중의 하나이다.

3분법틀 기본

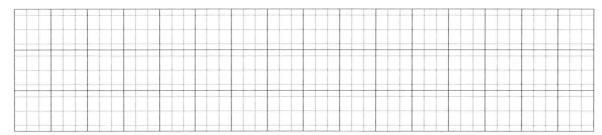

3분법틀 기본 중앙가로 보조선 생략

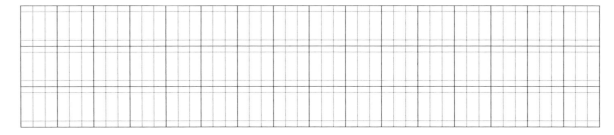

3분법틀 기본 중앙가로보조선 위아래 보조선 생략

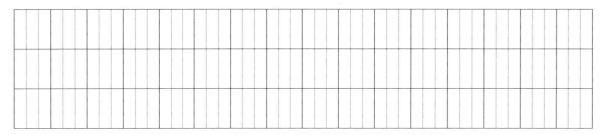

3분법틀 기본 중앙가로보조선 위아래 보조선 왼쪽 보조선 생략

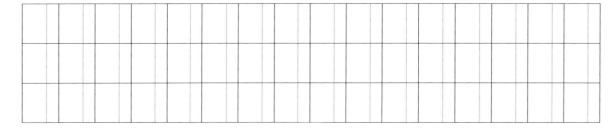

3분법틀 기본 중앙가로, 위아래, 왼쪽 보조선 생략 아래로 이어쓰기

3분법틀 기본 모든 보조선 생략 아래로 간격을 두어 쓰기

3분법틀 기본 모든 보조선 생략 아래로 이어 쓰기

3분법틀 기본 상하 보조선 생략

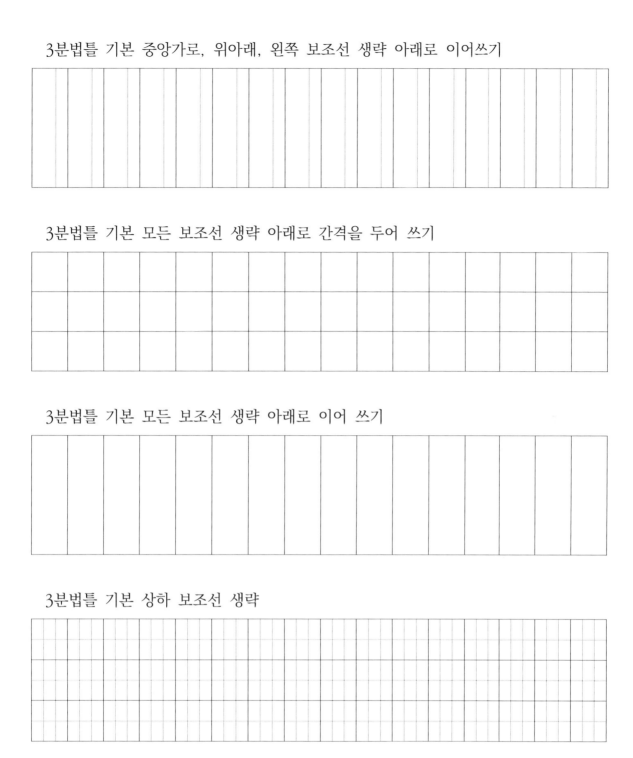

3분법틀 기본 상하 앞 보조선 생략

3분법틀 기본 세로 보조선 생략

3분법틀 기본 세로 보조선 중앙 가로 보조선 생략

3분법틀 기본 세로 보조선 중앙 가로 보조선 생략 공책처럼

3분법틀 기본 중앙 가로 보조선 만 남김

3분법틀 기본 중앙 가로 보조선 만 남김 줄글처럼

3분법틀 기본 보조선 생략 줄글처럼

2분법틀 기본

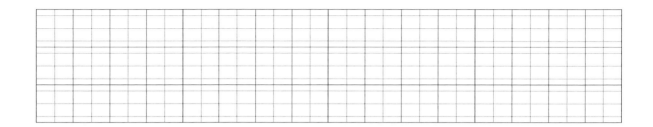

2분법틀 기본 연습용 글자를 넣었을 경우의 틀

2분법틀 기본 연습용 글자를 넣었을 경우의 예시 : 반듯한 글자로 연습

2분법틀 기본 연습용 글자를 넣었을 경우 : 글자는 반듯한 마 기준

모눈법틀 기본 : 5mm

모눈법틀 기본 : 4mm

모눈종이에 글씨를 쓰는 과정에서 가로 중앙선이 없으면 좋겠다는 생각이 들었다. 그래서 가로 중앙선을 제거하여 제작했다.

모눈법틀 응용 : 5mm

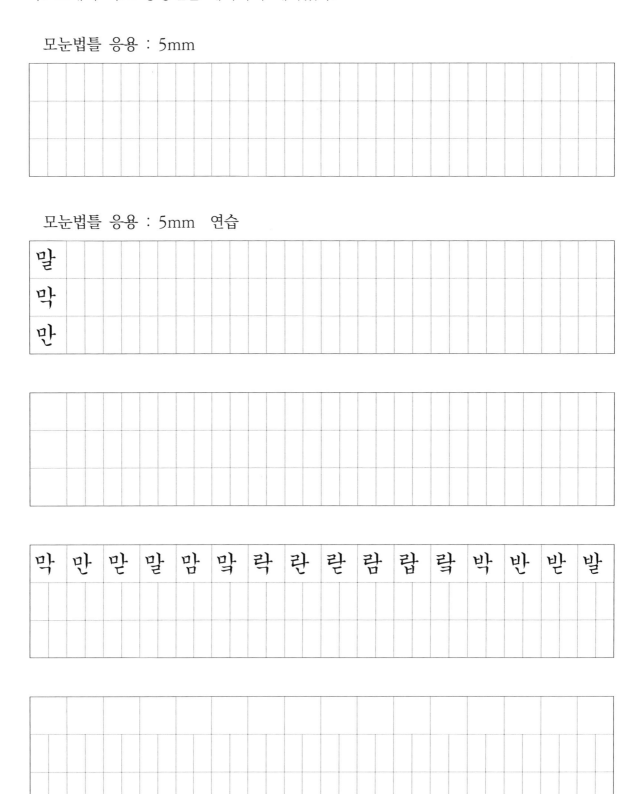

모눈법틀 응용 : 5mm 연습

모눈법틀 응용 : 4mm 　연습

〈맺음말〉

　지금까지 '탁월함에 이르는 바른 연필잡기의 위대한 힘!'의 중요함을 알고, 기르기 위해서 바른 연필잡기를 위한 이론적인 부분을 다양한 방법으로 설명하였다.

바르게 글씨 쓰기를 **예쁘게 글씨 쓰기와 혼동하여 오류**에 빠져서
바른 연필잡기가 주는 창의적 자아실현의 영역을 놓치지 말아야겠다.

　바른 연필잡기는 호흡이며, 습관이다.
　바른 것은 해야만 한다. 특히 바른 것이 습관이 되는 것은 더 중요하다.
　한번 해놓으면 큰 노력 없이 평생을 함께 하기 때문이다.
　평생의 좋은 반려자이며,
　공부를 잘하는 학생에게는 쉽게 오래 잘할 수 있는 비법이다.
　흔히 말하는 **공부의 날개**인 것이다.

다시 한번 강조한다.
　바른 연필잡기(바르게 글씨쓰기))의 중요성을 알고
　예쁘게 글씨 쓰기의 오류에 빠지지 않도록 한다.

　이론편은 바른 연필잡기를 다양한 관점에서 신체적 편안함, 과학적 힘의 방향, 손가락의 상호 역학적 관계, 손가락의 구조를 살펴본 해부학적 이유를 들어서 합리적으로 설명했다. 세계적으로 유명하거나, 자기분야에서 큰 업적을 이룬 사람들의 바람직한 연필잡기의 모범적인 사례들을 곁들여 필요성을 더욱 강조하였다.

　혹시 사랑하는 자녀에게, 학생에게
　　바른 연필잡기를 과학적으로 설명하고,
　　　바른 연필잡기 과정의 시행착오를 줄이려면
　　　　이론편을 참고하여 실제편을 연습하기 바란다.

마지막으로

'탁월함에 이르는 바른 연필잡기의 위해한 힘! : 이론편'을 집필하면서
힘들어도 끝까지 포기하지 않고 집필할 수 있었던 이유는 바른 연필잡기를 잘 할
수 있도록 딸을 지도하기 위해 다양하게 연구하고 접근하였기 때문이다.

자녀들의 바른 성장을 위해 노력하는 부모,
학생들의 바른 성장을 위해 노력하는 교사들에게 좋은 지침서가 되면 좋겠다.

우리들의 소중한 자녀, 학생, 세계의 어린이들의 바른 성장을 기원한다.

<u>名人(명인)이라고 한 이유</u> :

필자는 눈(雪)을 좋아한다. 바둑을 좋아한다. (한국기원 공인 아마 1단이다.) 눈은 영화, 문학 작품 등에서 많이 사용된다. 바둑은 그렇지는 못한 것 같다. 눈에 관련해서 <u>설국(雪國)</u>이라는 제목으로 써서 노벨 문학상을 받은 사람이 있다. 일본인 작가 천단 강성(가와바타 야스나리:川端 康成)이다.

소설 설국의 처음 도입은 매우 인상적이었다.

"국경의 긴 터널을 빠져나오자, 눈의 고향이었다." 많은 여운을 주는 시작이다. 평화롭고, 아름다운, 광활한 설원이 눈 앞에 펼쳐지는 것 같다.

노벨 문학상을 받은 작가 천단 강성(가와바타 야스나리:川端 康成)이 바둑에 관한 소설도 섰다. 바둑에 관한 소설이 몇 개 있지만, 노벨 문학상을 받은 작가의 시점으로 좋아하는 **바둑에 관한 소설을 썼다고 하니 관심이 갔다. 그 바둑 소설의 제목이 名人(명인)이다.**

雪國, 名人 좋은 표현이다. 그래서 필명을 **名人(명인)**으로 했다. 바른 연필잡기를 더 연구해서 세계 최고의 바른 연필잡기 명인이 되고 싶다는 각오가 담겨있다.

영문은 The Meister이다.

雪國은 영화 기생충으로 아카데미 상을 받은 봉준호 영화 감독과 송강호 배우가 설국열차를 통해서 많이 알렸다. 그리고 코로나19가 기승을 부리는 2020년 여름 설국열차가 넷플릭스 채널을 통해 드라마로 다시 재탄생되었다.

伯樂(백락)이라고 한 이유 :

   중국 춘추시대, 하루에 천리를 간다는 명마(천리마)를 잘 알아보고 훈련하는 사람을 伯樂(백락)이라고 한다. 伯樂一顧(백락일고)라는 고사성어도 있다.
   젊은 시절, 한 반의 학생수가 5~6명 정도로 학생 수가 적은 시골 학교에서 열정과 노력으로 지도했던 시절의 제자 2명이, 2021학년도 대학입학 수능에서 대한민국 최고의 실력을 가진 학생들이 지원한다고 하는 의대에 합격했다.

   의대 합격을 기념하기 위해 伯樂(백락)을 필명에 추가하였다.

   백락은 중국 당(唐)을 대표하는 문장가, 정치가, 사상가이며 당송 8대가(唐宋八大家)중의 한 사람인 한유(韓愈)가 쓴 잡설 제4수에 극찬되어 있다.

   世有伯樂, 然後有千里馬. '세유백락, 연후유천리마' : 세상에 백락이 있은 후에야 천리마가 있다.' 라는 내용이다. '천리마는 항상 있지만, 백락은 늘 있는 것은 아니다.'의 내용으로 이어진다.

〈자료출처〉

　이 책에 인용, 첨부된 사진과 그림 자료들은 직접 제작하거나 모두 인터넷에서 공개된 자료들입니다. 책에서는 모두 긍정적인 용도로 사용되도록 노력하였으며, 교육적 용도로 좋은 예시가 되도록 사용하였습니다. 좋은 자료를 인터넷에 올려주셔서, 잘 활용하게 됨을 감사드립니다. 혹시, 이용에 제한된 자료라면, 사전에 연락하지 못한점을 사과드립니다.

　개별적으로 연락주시면, 조치하도록 하도록 하겠습니다. ysoland@hanmail.net

　아울러, 바른 연필잡기를 위해 개발한 실습 용지들은,
　탁바위(탁월함에 이르는 바른 연필잡기의 위대한 힘! : 이론편, 실제편) 유튜브에
　　　　　　　　　　　　　　　　　　　　　　　　　첨부되어 있으니,
　바른 연필잡기를 위한 교육적인 용도로 부담없이 잘 활용하길 소망하며,
　유튜브 동영상도 이용하여 바른 연필잡기에 도움이 되기를 기원합니다.

37쪽
https://www.newyorker.com/humor/daily-shouts/an-oral-history-of-isaac-newton-discovering-gravity-as-told-by-his-contemporaries

38쪽
https://www.google.com/

39쪽
https://www.tripadvisor.de/LocationPhotoDirectLink-g190441-d3369822-i223350010-Mozart_Monument-Salzburg_Austrian_Alps.html
https://blog.daum.net/polaris-agnes/16523851

40쪽
https://ko.m.wikipedia.org/wiki/%ED%8C%8C%EC%9D%BC:Beethoven.jpg

41쪽
https://de.wikipedia.org/wiki/Datei:Wien_Mariahilferstra%C3%9Fe_Haydn-Denkmal_detail.jpg
https://post.naver.com/viewer/postView.nhn?volumeNo=31141868&memberNo=22037362
http://t2.gstatic.com/licensed-image?q=tbn:ANd9GcTT4skKhJcJsStiu_w5qD-coTIsF6T9YBalxaMDYKqsAh8Iff1qzpv02U5GkwHG

42쪽

https://ko.wikipedia.org/wiki/%ED%94%84%EB%9E%80%EC%B8%A0_%EC%8A%88%EB%B2%A0%EB%A5%B4%ED%8A%B8

https://kr.123rf.com/photo_18899317_%EB%B9%84%EC%97%94%EB%82%98-stadtpark%EC%97%90%EC%84%9C-franz-schubert-%EB%8F%99%EC%83%81.html

43쪽

https://namu.wiki/w/%EA%B2%8C%EC%98%A4%EB%A5%B4%ED%81%AC%20%ED%94%84%EB%A6%AC%EB%93%9C%EB%A6%AC%ED%9E%88%20%ED%97%A8%EB%8D%B8?from=%EA%B2%8C%EC%98%A4%EB%A5%B4%ED%81%AC%20%ED%94%84%EB%A0%88%EB%8D%B0%EB%A6%AD%20%ED%97%A8%EB%8D%B8

https://zeong.tistory.com/461

44쪽

https://enniomorricone.shopfirebrand.com/products/ennio-morricone-life-notes-book

http://www.mixmag.kr/4518

https://www.mediapia.co.kr/news/articleView.html?idxno=44040

https://www.google.com/search?q=%EC%97%94%EB%A6%AC%EC%98%A4+%EB%AA%A8%EB%A6%AC%EA%BC%AC%EB%84%A4+%EB%85%B8%ED%8A%B8&tbm=isch&ved=2ahUKEwjT57Puh8LyAhXaxIsBHZ5iC1sQ2-cCegQIABAA&oq=%EC%97%94%EB%A6%AC%EC%98%A4+%EB%AA%A8%EB%A6%AC%EA%BC%AC%EB%84%A4+%EB%85%B8%ED%8A%B8&gs_lcp=CgNpbWcQAzoECAAQHjoGCAAQChAYUL55WMO6AWD2vAFoDnAAeACAAXmIAfsIkgEEMC4xMJgBAKABAaoBC2d3cy13aXotaW1nwAEB&sclient=img&ei=NuogYdP0GdqJr7wPnsWt2AU&bih=720&biw=1486&hl=ko#imgrc=ee4r70SLBC8TpM&imgdii=5dB6OTSbaujAmM

45쪽

http://kartsjournal.kr/?p=4891

https://m.blog.naver.com/nuctom/221319784237

https://m.blog.daum.net/san1917/3533437

46쪽

https://commons.wikimedia.org/wiki/File:Monumento_a_Goya.jpg

http://hwiki.eumstory.co.kr/index.php/%ED%94%84%EB%9E%80%EC%8B%9C%EC%8A%A4%EC%BD%94_%EA%B3%A0%EC%95%BC

http://www.sungyoung.net/album/wseurope-13.html

47쪽

https://m.blog.naver.com/PostView.naver?isHttpsRedirect=true&blogId=amon1975&logNo=220957114173

https://blog.daum.net/deersunny/3066

48쪽

https://m.blog.naver.com/PostView.naver?isHttpsRedirect=true&blogId=kyungchul87&logNo=221151638224

https://news.zum.com/articles/52972386

49쪽

https://smart.science.go.kr/scienceSubject/maths/view.action?menuCd=DOM_000000101001006000&subject_sid=303

50쪽

https://m.blog.naver.com/PostView.naver?isHttpsRedirect=true&blogId=doczhivago7&logNo=221264047555

https://blog.daum.net/deersunny/3066

51쪽

https://m.blog.naver.com/PostView.naver?isHttpsRedirect=true&blogId=skybluenr&logNo=221142551135

https://www.tuscanypeople.com/arnolfo-di-cambio/

https://brunch.co.kr/@triple/134

52쪽

https://feeeld.com/post/ce8617c0-3b5f-40d1-aaf8-d27bf35f8d67

https://www.laprairie.com/ko-kr/the-house-artist-mario-botta.html

53쪽

https://www.iksan.go.kr/oldtour/board/view.iksan?boardId=BBS_TOUR_TOUR&menuCd=DOM_000001501012000000&contentsSid=585&dataSid=411869

가람 문학관

54쪽

https://blog.naver.com/kkwmmk/220056746545

https://www.yna.co.kr/view/AKR20160128199500005

http://www.readersnews.com/news/articleView.html?idxno=59540

http://www.cine21.com/news/view/?idx=0&mag_id=83065

http://star.ohmynews.com/NWS_Web/OhmyStar/img_pg.aspx?CNTN_CD=IE002087103

55쪽

http://www.hanion.co.kr/news/articleView.html?idxno=9844

미당 시 문학관

https://m.post.naver.com/viewer/postView.nhn?volumeNo=16237140&memberNo=39582715

56쪽

https://blog.daum.net/angelicka/16197605

https://dadoc.or.kr/510

혼불 문학관

최명희 문학관

57쪽

https://woman.chosun.com/mobile/news/view.asp?cate=C01&mcate=M1003&nNewsNumb=20160758729#_enliple

https://aboutchun.com/517

58쪽

https://jmagazine.joins.com/forbes/view/315954

http://chedulife.com.au/%EC%97%AD%EC%82%AC%EC%9D%98-%EC%98%A4%EB%8A%98-1910%EB%85%84-11%EC%9B%94-20%EC%9D%BC-%EB%9F%AC%EC%8B%9C%EC%95%84%EC%9D%98-%EB%8C%80%EB%AC%B8%ED%98%B8-%EB%A0%88%ED%94%84-%EB%8B%88/

http://www.sejongeconomy.kr/news/articleView.html?idxno=792

http://www.catholicworker.kr/news/articleView.html?idxno=1497

59쪽

https://infogood.shop/m/15

https://ppss.kr/archives/179015

60쪽

https://www.dispatch.co.kr/990561

https://www.franceinter.fr/societe/harry-potter-va-t-il-survivre-a-2020-retour-sur-la-polemique-autour-des-propos-de-j-k-rowling

https://www.ibtimes.co.in/jk-village-girl-wins-over-jk-rowling-through-heart-warming-essay-768001

61쪽

https://mora.hu/alkoto/saint-exupery-antoine-de

https://www.sme.sk/c/2338172/antoine-de-saint-exupery-posta-na-juh.html

https://www.amazon.com/Little-Prince-Original-Paperback-Korean/dp/B01LW1ET27

63쪽

http://www.ynamnews.co.kr/news/articleView.html?idxno=13729

https://www.joongang.co.kr/article/3509421#home

https://m.yna.co.kr/view/AKR20111103194351005

https://m.catholictimes.org/mobile/article_view.php?aid=175837

65쪽

https://blog.naver.com/6744100/221816392177

http://www.newstheone.com/news/articleView.html?idxno=65680

66쪽

https://www.thoughtco.com/platos-apology-2670338

https://matematickasekcija.wordpress.com/poznati-matematicari/rene-dekart/

67쪽

https://www.joongang.co.kr/article/22995623#home

https://www.joongang.co.kr/article/23671464#home

68쪽

http://m.biz.khan.co.kr/view.html?art_id=201806121628001#c2b

http://kr.xinhuanet.com/2015-08/30/c_134569043.htm

https://www.sedaily.com/NewsVIew/1S0OH82D3A

http://news.bbsi.co.kr/news/articleView.html?idxno=871830

69쪽

http://archives.knowhow.or.kr/m/record/all/view/4051?page=1550

http://archives.knowhow.or.kr/record/image/view/10880?page=191&___m=1

70쪽

https://www.ajunews.com/view/20180408135016857

http://biz.newdaily.co.kr/site/data/html/2019/06/21/2019062100028.html

http://biz.newdaily.co.kr/site/data/html/2014/10/14/2014101410097.html

71쪽

https://www.donga.com/news/Economy/article/all/20201027/103643620/1

한경BUSINESS 추모 특별판 이건희

https://news.imaeil.com/Economy/2010021008252346464?ismobile=true

72쪽

https://www.newstomato.com/readNews.aspx?no=946718

https://www.mk.co.kr/news/business/view/2017/10/665962/

73쪽

https://www.mk.co.kr/news/economy/view/2016/05/340552/

https://m.dailian.co.kr/news/view/928694

https://m.etnews.com/20170815000031#cb

74쪽

https://www.bestpen.kr/shop
http://www.pencafe.co.kr/
https://www.penshop.co.kr/

75쪽

https://eundan.com/
https://www.news1.kr/election613/news/articles/?3342886

76쪽

http://baduk.lg.co.kr/kor/news_view.asp?gdiv=11&gul_no=515648&frpg=MN&spage=0
https://www.cyberoro.com/news/news_view.oro?num=513831&agree=1

77쪽

http://www.freezonetv.co.kr/news/articleView.html?idxno=1579
https://luxwetan.tistory.com/entry/%EC%9D%B4%EC%B0%BD%ED%98%B8-9%EB%8B%A8-%EC%9D%BC%ED%99%94-%EB%B6%80%EC%9D%B8-%EA%B2%B0%ED%98%BC-%EC%83%81%ED%95%98%EC%9D%B4%EB%8C%80%EC%B2%A9-%EC%9E%AC%EC%82%B0-%EC%A4%91%EA%B5%AD%EC%9D%B8%EA%B8%B0
https://www.yeongnam.com/web/view.php?key=20200620001044469
https://m.blog.naver.com/dkgoggog21/220927987286
https://xiexie88.tistory.com/133

78쪽

https://www.cyberoro.com/news/news_view.oro?num=513831&agree=1
https://m.yna.co.kr/view/AKR20150914161700007
http://baduk.lg.co.kr/kor/news_view.asp?gdiv=15&gul_no=510109&frpg=MN&spage=0
https://kimssine51.tistory.com/37
http://www.cyberoro.com/news/news_view.oro?num=519336
https://m.news1.kr/photos/view/?3570324
https://blog.daum.net/heavebok/7403474

102쪽

https://www.daily.co.kr/life3131127022#lifeback
https://blog.daum.net/074098/15032

103쪽

https://m.blog.naver.com/PostView.naver?isHttpsRedirect=true&blogId=jys0655&logNo=80206573997

104쪽
https://m.blog.daum.net/juniksoo-56/485?np_nil_b=1
https://hwangto.wordpress.com/2012/01/31/li3-%EC%82%BC%EA%B0%84%E4%B8%89%E9%96%93-2/

105쪽
http://www.subkorea.com/xe/84837

107쪽
https://www.steemzzang.com/hive-160196/@kgbinternational/23p9uo
https://blog.daum.net/hoj45/7325528

118쪽
https://ochim.com/bd/li/

119쪽
https://ochim.com/bd/pc/

120쪽
http://egloos.zum.com/pjy4073/v/4669654
https://m.blog.naver.com/cwd57/221504294413

121쪽
https://ochim.com/bd/si/

122쪽
https://twum.tistory.com/entry/%EA%B2%BD%ED%98%88%EC%9D%84-%EB%B0%B0%EC%9A%B0%EC%9E%90-%EA%B7%B8-%EB%A7%88%ED%9D%94%EB%84%A4%EB%B2%88%EC%A7%B8-%EC%9C%84%EA%B2%BD%EC%9D%98-45%ED%98%88-%EC%A4%91-%EC%82%AC%EB%B0%B1

탁바위 시리즈를 구상하고 있습니다.

〈이미 출판한 책〉

탁바위 : 탁월함에 이르는 바른 연필잡기의 위대한 힘! TBW! : 실제 공부편
　　시골학교 교사 시골학교 학생 의대보내기

탁바위 : 탁월함에 이르는 바른 연필잡기의 위대한 힘! TBW! : 이론편
　　바른 연필잡기를 위한 세계 최고의 과학적 구체적 이론서

탁바위 : 탁월함에 이르는 바른 연필잡기의 위대한 힘! TBW! : 실제편
　　바른 연필잡기를 위한 세계 최고의 과학적 단계적 실습서

〈활동중인 유튜브〉

탁바위! 탁 바른 연필잡기의 위대한 힘! TBW!

탁바위! 탁월함에 이르는 바른 연필잡기의 위대한 힘! TBW! 〈이론편〉
 바른 연필잡기를 위한 세계 최고의 과학적 구체적 이론서

발 행 | 2021년 09월 15일
저 자 | 오영식
펴낸이 | 한건희
펴낸곳 | 주식회사 부크크
출판사등록 | 2014.07.15.(제2014-16호)
주 소 | 서울특별시 금천구 가산디지털1로 119 SK트윈타워 A동 305호
전 화 | 1670-8316
이메일 | info@bookk.co.kr

ISBN | 979-11-372-5666-8

www.bookk.co.kr